Heinrich Hansjakob

Die Toleranz und die Intoleranz der katholischen Kirche

Sechs Vorträge, gehalten in der Fastenzeit 1888 in der Kirche St. Martin in Freiburg

Heinrich Hansjakob

Die Toleranz und die Intoleranz der katholischen Kirche
Sechs Vorträge, gehalten in der Fastenzeit 1888 in der Kirche St. Martin in Freiburg

ISBN/EAN: 9783743439757

Hergestellt in Europa, USA, Kanada, Australien, Japan

Cover: Foto ©Lupo / pixelio.de

Weitere Bücher finden Sie auf **www.hansebooks.com**

Die

Toleranz und die Intoleranz
der katholischen Kirche.

Sechs Vorträge,

gehalten in der Fastenzeit 1888 in der Kirche St. Martin zu Freiburg

von

Pfarrer Heinrich Hansjakob.

Zweite, verbesserte Auflage.

Mit Approbation des hochw. Herrn Erzbischofs von Freiburg.

Freiburg im Breisgau.
Herder'sche Verlagshandlung.
1899.
Zweigniederlassungen in Wien, Straßburg, München und St. Louis, Mo.

Imprimi permittitur.

Friburgi Brisgoriae, die 8. Februarii 1899.

† **Thomas, Archiep.**

Das Recht der Uebersetzung in fremde Sprachen wird vorbehalten.

Buchdruckerei der Herder'schen Verlagshandlung in Freiburg.

Inhalt.

I. **Einleitung:** Die römisch-katholische Kirche die allein wahre; außerhalb der Kirche kein Heil 1. Der der Kirche gemachte Vorwurf der Intoleranz 2. Woher kommen die verschiedenen Religionen? Der Mensch, von Natur aus religiös veranlagt, aber auch zur Sünde geneigt, macht sich die verschiedensten Ideen von Gott: das ist ein Uebel und widerstreitet scheinbar der göttlichen Vorsehung, erklärt sich aber aus der Erbsünde, aus der die geistige Finsterniß geflossen ist 2—11. Das Christenthum eine Gnade, auf welche die Menschheit kein Recht hat 11. Freier Wille des Menschen auch dem Christenthum gegenüber 12.

II. **Intoleranz** vergangener Jahrhunderte im Jahrhundert der Duldsamkeit angeschwärzt; — jede menschliche Einrichtung hat ihre zwei Seiten 13. Begriff der religiösen Intoleranz; — Rousseaus Urtheil über dieselbe; — Intoleranz das Gesetz der Gesetze, eine absolute Nothwendigkeit in der Natur wie im Menschenleben; — die römisch-katholische Kirche als die allein wahre muß intolerant sein gegen alle andern religiösen Lehren, weil sie sonst sich selbst aufgäbe 14—19. Sie ist die einzige entschiedene Gegnerin der religiösen Gleichgiltigkeit und hat mit ihrer Intoleranz, die keine schrankenlose, sondern eine rein geistige ist, die göttlichen Wahrheiten durch alle Irrlehren hindurch gerettet 19—25.

III. Die Früchte der Intoleranz der römisch-katholischen Kirche: die natürliche und die bürgerliche Freiheit 26—28; die sittliche Freiheit 28 f.; die Erhebung des Weibes zur ebenbürtigen Gefährtin des Mannes und die Gründung der christlichen Familie 29—31; die Erhaltung der europäischen Civilisation, wozu die staatliche Intoleranz nicht ausreicht 31 bis 33. — Die religiöse Intoleranz gegen Beschuldigungen vertheidigt: andere Zeiten, andere Strafen 33 f.; Ausübung der Strafgewalt auf religiösem Gebiete in frühern Zeiten durch den Staat 34; das Einschreiten gegen Hus ein Act der Nothwehr 35; Milde der Päpste gegen die von der staatlichen Inquisition in Spanien Gefährdeten 35 f.; Scheiterhaufen der Intoleranz in protestantischen Ländern 36; die Bartholomäusnacht aus Nothwehr hervorgegangen 37; intolerante Worte Luthers 37; Calvin 38; gehässige Intoleranz gegen die römisch-katholische Kirche, besonders in Deutschland, wegen der ihr zum Vorwurf gemachten Intoleranz 38 f.

IV. **Toleranz der Kirche:** Begriff der Toleranz; — die Quellen derselben, Liebe und Demuth, von der Kirche gelehrt 40. Die Verdammung der außerhalb der Kirche Stehenden ist mit der Idee Gottes und des Erlösers unvereinbar, widerspricht auch der Lehre der Kirche von sich selber und der kirchlichen Uebung 41. Aussprüche des Heilands, des Apostels Paulus, der Kirchenväter Clemens von Alexandrien, Augustin und Chrysostomus, des Kirchenschriftstellers Salvian, des Papstes Pius IX. 42—46. Der Satz: „Außerhalb der Kirche kein Heil", ist ein Strafgesetz und trifft nur diejenigen, welche freiwillig und in böser Absicht außerhalb der Kirche stehen 46. Die römisch-katholische Kirche verdammt keinen Menschen 47. Der Bannfluch ist kein Verdammungsurtheil, sondern bedeutet lediglich den Ausschluß aus der Kirchengemeinschaft 47 f. Weshalb unter Umständen das kirchliche Begräbniß versagt wird 48. Toleranz der Kirche von K. L. v. Haller gerühmt 49. Vernünftigkeit des Satzes: „Außerhalb der Kirche kein Heil", durch Kant zugegeben 50.

V. Trotz des Satzes: „Außerhalb der Kirche kein Heil", ist die Kirche im höchsten Grade tolerant und läßt die Möglichkeit zu, in jeder Religion selig zu werden 51. Begründung dieser Möglichkeit: Nach einigen Theologen ist jeder Mensch, der guten Willens Gott dient, soweit er ihn kennt, in die Vermittlung Jesu Christi einbegriffen; — Jesus Christus hat zu allen Zeiten und zu allen Menschen geredet, wie Augustin, Justin der Martyrer, Clemens von Alexandrien, Chrysostomus und Thomas von Aquin bezeugen; — größere Erkenntniß, aber auch schwerere Pflichten bei den Christen als bei den Heiden; — doch ist Jesu Bürde für den, der sie mit ganzem Herzen auf sich nimmt, leicht; — warum sind aber nicht alle Menschen zum Christenthum berufen? — die Ungleichheit der Gaben ein Geheimniß 51—58. — Nach andern Theologen muß jeder Mensch zur Erlangung seines Heiles wenigstens einen indirecten Glauben an Jesus Christus haben, wie die hll. Thomas und Bernhard meinen; — die Hoffnung auf einen zukünftigen Erlöser bestand bei allen Völkern der alten Heidenwelt: dies wird nachgewiesen aus Plutarch, Aeschylus, Confucius u. a.; — wir dürfen also auch keinen Menschen vor Christus seines Heiles für verlustig erklären; — Hinweisung auf Jesus Christus bei Plato und römischen Schriftstellern 58—63.

VI. Die Gebildeten unserer Tage stehen freiwillig außerhalb der Kirche; — unsere Gelehrten, besonders die Philosophen, die ärgsten Widersacher der christlichen Wahrheit; anders die alten heidnischen Philosophen, die nach Wahrheit strebten; — Priesterhaß; — Fortschritt der Menschheit auf dem Gebiete des Wissens durch das Christenthum 64—67.

Die Früchte der Toleranz im schlimmen Sinne des Wortes: Toleranz gegen alle Bekenntnisse aus Religionslosigkeit; — Aussprüche von Gervinus und Döllinger; — Förderung jener Toleranz durch den modernen Staat, der dadurch die Bürger ins Unglück stürzt; — Worte des Spaniers Balmes; — bei allem Fortschritt auf dem Gebiete der Industrie und Technik herrscht Unzufriedenheit und Verrohung; — der „arme Mann" eine Gefahr für den Staat 67—74.

Helfen kann nur die Intoleranz auf religiösem und bürgerlichem Gebiete; — Mißbrauch der Toleranz in der französischen Revolution; — Festhalten der Kirche an ihren intoleranten, göttlichen Wahrheiten zu jeder Zeit 74—76.

Schluß: Die religiöse Gleichgiltigkeit ist etwas Unbegreifliches, wenn man an den Augenblick denkt, in dem sich uns die Wahrheit von einem vergeltenden Gotte und einer Ewigkeit öffnen kann 76.

I.

Der Zweck unserer letztjährigen Fastenbetrachtungen war, nachzuweisen, daß die römisch-katholische Kirche die allein wahre, von Christus auf den Felsen Petri gegründete und auf demselben erhaltene Kirche sei.

Jesus Christus hat alle nach ihm kommenden Geschlechter an diese seine Kirche gewiesen mit den Worten: „Gehet hin und lehret alle Völker.... Wer euch hört, der hört mich, und wer euch verachtet, verachtet mich, und wer mich verachtet, verachtet den, der mich gesandt hat."

Der bekannte Protestant Hengstenberg schreibt darum 1854 in seiner „Evangelischen Kirchenzeitung": „Der wahre, heilskräftige Christus ist nur in der Kirche zu finden, welche die Fortsetzung seines gottmenschlichen Daseins ist, in der er fortwährend mit seinem Worte und Geiste, seinem Leibe und Blute gegenwärtig ist. Der Christus, der außer und neben der Kirche gesucht wird, ist ein wesenloser Schatten."

Wenn die Kirche demgemäß die allein berufene und von Christus, dem Herrn, eingesetzte Vertreterin und Trägerin des von ihm der Welt gebrachten Heiles ist, und wenn all unser ewiges Heil auf ihm beruht, dann werden wir begreifen, warum die römisch-katholische Kirche den folgenden Satz als Glaubenssatz definirt hat: „Es gibt nur eine allgemeine Kirche der Gläubigen, außer welcher niemand selig werden kann." Kürzer wird diese Definition ausgedrückt mit den Worten: „Außerhalb der Kirche kein Heil."

Man hat aus diesem Glaubenssatz der katholischen Kirche gefolgert, daß ihm nach alle diejenigen, welche wie immer außerhalb der römischen Kirche stehen (Mohammedaner, Chinesen, Inder, Juden,

Protestanten, Altkatholiken u. s. w.), ewig verloren, verdammt seien, und hat auf diese Folgerung die furchtbare Intoleranz (Unduldsamkeit) der römischen Kirche aufgebaut und dieselbe aufs ärgste verschrieen und verabscheut.

Man ist deshalb seit drei Jahrhunderten bei uns in Deutschland gewohnt, bei dem Worte „Intoleranz" sofort an die römisch-katholische Kirche zu denken. „Katholisch" und „intolerant" sind bei gar vielen Leuten gleichbedeutende Worte. Und da das Wort „Intoleranz" zu keiner Zeit mißliebiger war als in der unsrigen, deren Parole „Toleranz" und „Humanität" geworden sind, so ist eben auch die katholische Kirche bei gar vielen Leuten in Mißcredit gekommen.

Ich kann deshalb als Prediger und Priester dieser Kirche kein zeitgemäßeres Thema besprechen als die „Toleranz und die Intoleranz" dieser Kirche, deren Intoleranz unsere Zeit so scharf verurtheilt und an deren Toleranz sie nicht glauben will.

Wir wollen aber, ehe wir auf diesen eigentlichen Gegenstand unserer Betrachtungen eingehen, eine damit zusammenhängende Vorfrage lösen, die Frage: Woher kommen denn die vielen verschiedenen Religionen auf Erden, welchen die katholische Kirche, wie man sagt, so intolerant gegenübersteht?

Die Feinde der Religion im allgemeinen kommen gerne auf die Thatsache der Existenz so vieler Religionen zurück, um die wahre Religion damit zu bekämpfen. Wenn Gott so viele Religionen zuläßt, sagen sie, so wird es ihm auch gleichgiltig sein, an welche man sich hält; oder: Wenn es überhaupt eine wahre Religion auf Erden gäbe, so existirte offenbar auch nur eine einzige für alle Menschen.

Diese Leute begreifen nicht, daß gerade die Vielheit der Religionen zur Genüge darthut, daß der Mensch von Natur aus Religion hat und haben muß. Sie begreifen nicht, daß der Mensch von Geburt und Natur aus frei und religiös veranlagt ist. Weil religiös, hat er das Bedürfniß, sich Gott zu nähern, und weil freien Willens, kann er sich von ihm entfernen, und dies geschieht durch die Neigungen und Leidenschaften seiner sündhaften Natur.

Von der einen Seite zieht es ihn naturnothwendig zu einem höhern Wesen hin, und auf der andern entfernt ihn sein angeborener Hang zur Sünde von demselben. Zwischen diesen Gefühlen getheilt, aber bestrebt, sie zu vereinigen, d. h. Gott zu dienen und zugleich seinen sündhaften Neigungen den Lauf zu lassen, hat sich der Mensch von jeher die verschiedensten Ideen von Gott und Gottesdienst, d. i. von der Religion, gemacht und macht sie heute noch.

„Die falschen Culte", sagt Lacordaire treffend, „beweisen am meisten die unumstößliche Wahrheit der Religion; denn in ihnen zeigt die Menschheit, daß sie es vorzieht, eher Gott zu entehren, als die Verbindung mit ihm ganz aufzugeben."

Doch gehen wir der Frage tiefer auf den Grund: Das Dasein so vieler sich widerstreitenden Religionen ist zweifellos eines der tiefsten Geheimnisse der göttlichen Vorsehung. Die Schwierigkeit, dasselbe zu erklären, ist jedoch nicht allzu groß. „Eines läßt sich", sagt der berühmte Spanier Balmes, „mit Sicherheit darthun: daß die Existenz so vieler Religionen die Wahrheit der christlichen Religion weder schwächt noch vernichtet; im Gegentheil, weil diese allein uns jenes Geheimniß erklärt, beweist sie, daß sie die einzig wahre Religion sei."

Die Existenz so vieler Religionen ist ein großes Uebel, vielleicht das größte auf Erden, und niemand kann es mehr beklagen, als die christliche Kirche selber, die in alle Theile der Welt ihre Boten sendet, um dagegen anzukämpfen.

Das Uebel der Vielheit der Religionen läßt sich nicht läugnen; es besteht und hat, wie die Geschichte bezeugt, seit unvordenklichen Zeiten bestanden. Wenn man aber behauptet, die Vorsehung könne doch, wenn die christliche Religion die wahre sei, so etwas nicht zulassen, so behauptet man damit, daß es eine Vorsehung überhaupt nicht gebe; denn thatsächlich existiren eben die vielen sich widersprechenden Religionen. Wenn nun die Vorsehung dieselben nicht hindert, existirt sie eben nach obiger Behauptung selber nicht.

Die Vorsehung läugnen, hieße aber Gott selbst läugnen. Und so kommt man zum Unsinnigsten und Widervernünftigsten — zum Atheismus, zur Gottlosigkeit.

Wer die Existenz Gottes annimmt, muß auch seine Güte und seine Vorsehung annehmen. Nimmt man aber einen solchen Gott an — und unsere Vernunft zwingt uns hierzu —, so bleibt die Schwierigkeit doch bestehen, und wir fragen erst recht: Wie kommt es, daß ein gütiger Gott zuläßt, daß das Menschengeschlecht so beklagenswerth irrt in der wichtigsten und höchsten Angelegenheit, die es gibt — in der Religion?

Wenn man uns als Antwort sagt, daß Gott zufrieden sei mit den Ehrenbezeigungen seiner menschlichen Geschöpfe, möge auch der Glaube, den sie bekennen, und der Cult, durch den sie ihre Dankbarkeit und Anhänglichkeit bezeigen, sein, welcher er wolle, so fragen wir: Wie ist es möglich, daß in den Augen eines Wesens von unendlicher Wahrheit — Irrthum und Wahrheit gleichgiltig seien? Wie kann man begreifen, daß in den Augen eines unendlich heiligen Wesens die Heiligkeit und die Sittenlosigkeit — und es gibt auch sittenlose Religionen — gleich viel gelten? Wie ist es möglich, daß ein für seine Geschöpfe unendlich besorgter, unendlich weiser und gütiger Gott nicht dafür gesorgt habe, den Menschen die Mittel an die Hand zu geben, um zur Wahrheit zu gelangen und zu erkennen, in welcher Weise der Schöpfer verehrt sein will?

Wenn die Religionen unter sich nur geringe Unterschiede hätten, dann wäre die Absurdität, sie alle für gut zu halten und zu singen: „Wir glauben all' an einen Gott", weniger unerträglich; aber man bedenke doch, daß sie fast alle gerade in den wichtigsten Punkten einander diametral gegenüberstehen; daß die einen — und sie sind in der Minderzahl — nur einen einzigen Gott annehmen, während andere eine Masse von Gottheiten und Götzen anbeten; daß die einen einen freien Willen im Menschen anerkennen, andere ihn läugnen; daß die einen an eine Schöpfung glauben, andere aber an die Ewigkeit der Materie und jede Schöpfung verwerfen.

Wenn man sich also die ungeheure Verschiedenheit der einzelnen Glaubenssätze, der Sittenlehre, des Gottesdienstes der vielen Religionen, die es auf Erden gibt, vergegenwärtigt, so muß man zugestehen, daß es die größte Absurdität wär, anzunehmen, Gott könne sich durch so widersprechende Anbetungen für befriedigt halten.

Noch größer wird die Ungereimtheit, wenn wir von den einzelnen Religionen absehen und die einzelnen Menschen mit ihren religiösen Begriffen in Betracht ziehen. Der Mensch muß, ob er will oder nicht, Stellung zu Gott, zum Uebernatürlichen nehmen, weil er, wie oben gesagt, von Natur aus religiös veranlagt ist. Wenn wir nun die unzähligen „Religionsbegriffe" betrachten, welche, in unserer Zeit namentlich, die Einzelnen, die keinem bestimmten Bekenntniß fest angehören, sich machen, und deren Widersprüche und Verschiedenheiten ansehen, so springt die Unmöglichkeit, daß für Gott das alles gleichbedeutend sei, noch mehr in die Augen.

Wie kann aber die Schwierigkeit unserer Frage gelöst werden? Daß das Uebel der verschiedenen Religionen existirt, ist gewiß; aber daß es eine Vorsehung gibt, ist nicht minder gewiß. Dies sind zwei Gegensätze, die scheinbar nicht nebeneinander bestehen können. Der Widerspruch beider ist klar, und er muß entweder gelöst werden, oder wir müssen annehmen, daß die Unmöglichkeit der Lösung von der Schwäche unserer Fassungskraft abhänge.

Sehen wir nun, ob sich nicht ein Grund auffinden läßt, weshalb Gott eine solche Menge von Religionen, eine solche Masse von Irrthümern in der Religion, d. i. in dem Punkte zulasse, der für das Menschengeschlecht der wichtigste ist.

Die Erklärung dieses geheimnißvollen Widerspruches, der Schlüssel zu diesem großen Räthsel liegt in einem Glaubenssatze der christkatholischen Religion — es ist der Glaubenssatz von dem Sündenfall, von der angeborenen Sündhaftigkeit und der aus dieser Sündhaftigkeit entstandenen Entartung der Nachkommen Adams. Eine Strafe der ersten Sünde nun, die mit dieser auf alle Menschen überging, ist **Unwissenheit, Finsterniß im Geiste und Verderbniß im Willen.** Hier haben wir die einzige Formel, um das Räthsel, welches in der Existenz so vieler Religionen vor uns liegt, zu lösen.

Betrachten wir diese Formel etwas näher.

Christliche Zuhörer! Wohin wir blicken außer uns — überall finden wir in der großen Ordnung, die wir Natur nennen, Harmonie. Alles folgt seinem Gesetze, vom Wurm im Staube bis zu den Welten, die als Sterne über unsern Häuptern rollen. Der Mensch allein weicht ab zur Unordnung, zur Disharmonie. Das Meisterwerk Gottes, sein höchstes Geschöpf, es allein verläugnet die Harmonie und die Ordnung in der Natur und verdunkelt die Wahrheit vom

Dasein eines allweisen Schöpfers. Unser Wille ist gelähmt und verdorben — es braucht diesem Willen nur etwas verboten zu sein, und er strebt sofort danach. Nitimur in vetitum semper petimusque negata — ist ein Sprichwort, das seit Jahrtausenden gilt.

Man sage nicht, es komme dies daher, weil der Mensch frei sei — das einzige Geschöpf mit freiem Willen. Es handelt sich bei dem Nachweis der Erbsünde und ihrer Folgen nicht um die Möglichkeit, zu sündigen, sondern um die Vorliebe, um den Hang zum Bösen. Wenn der Mensch von Natur aus unverdorben wäre, müßte wenigstens die Neigung zum Guten und zum Bösen gleich groß sein. Nun neigt aber das Kind schon vorwiegend zum letztern. Jede Mutter weiß, daß ihr Kind nur gut wird mit Anwendung von Gewalt, durch Erziehung. Und schon der hl. Augustin schreibt: „Wozu die vielen Drohungen, die man bei Kindern anwenden muß, die Stöcke und die Ruthen; wozu all die Mühen der Erziehung, wenn nicht, um unsere Unwissenheit zu besiegen und die böse Lust zu unterdrücken — zwei Uebel, die mit uns auf die Welt kommen?"

„Woher kommt es," sagt er weiter, „daß wir uns so mühsam einer Sache erinnern und so leicht etwas vergessen; daß es uns so viele Anstrengung kostet, etwas zu lernen, und gar keine, nichts zu wissen; daß es so schwer ist, fleißig zu sein, und so leicht, sich der Trägheit zu ergeben? Zeigt das nicht deutlich, wohin unsere Natur neigt und daß sie verderbt ist?"

Woher kommt nun diese verderbte Natur? An der Schwelle des Lebens — das zeigt uns jedes Kind — schöpfen wir sie mit dem Blute der Mutter. Zugleich mit dem Leben geben unsere Eltern uns auch den Hang zum Bösen und die geistige Finsterniß.

Wenn wir aber so von Geschlecht zu Geschlecht hinaufsteigen, kommen wir zum ersten Menschen, zum Stammvater und zur Stammmutter unseres Geschlechtes. Und hier müssen wir uns fragen, ob auch sie von ihrem unmittelbaren Schöpfer diese Lust zum Bösen, diese Trägheit des Geistes empfangen haben? Bejahen können wir diese Frage nicht, ohne das Dasein eines gütigen und heiligen Gottes zu läugnen. Gott zumuthen, daß er den Menschen, sein Meisterwerk, so verderbt und so sündhaft erschaffen habe, heißt von der Idee, die wir uns von Gott machen müssen, alles abstreifen, was sie ausmacht.

Wir sind also gezwungen, anzunehmen, daß der Mensch rein und gerecht aus den Händen seines Schöpfers hervorging und daß die Verkehrung der Ordnung im Menschen, wonach seine Sinne sich gegen seine Vernunft und seine Vernunft sich gegen Gott empören, eine Thatsache ist, die sich nach seiner Erschaffung zugetragen haben muß. Und weil der Mensch frei ist, so muß dieses Heraustreten aus der ursprünglichen Harmonie ihm selber anzurechnen sein. Wie geschah dies? Durch die Wohlthat eines freigebigen Gottes zum Meisterwerk der irdischen Schöpfung erhoben, wollte der Mensch noch höher steigen und ist unter den Streichen der ihm gewordenen Züchtigung gefallen.

So erzählt uns die Heilige Schrift die Geschichte des Sündenfalls: die ersten Menschen wollten Gott gleich werden, sündigten und fielen, und ihre Sünde und ihr Hang zur Sünde ging, weil im ersten Menschenpaar alle Menschen enthalten waren, auf alle über.

So wurde die Quelle unserer Natur in Adam und Eva getrübt, und alle Ableitungen aus dieser Quelle bleiben getrübt, und deshalb ist Verderbtheit allen Menschen zur Natur geworden.

Hierin liegt die einzige Lösung des Räthsels von der Sünde und dem Verderben in der Menschheit, die einzige Lösung des Widerspruches, der darin liegt, daß der Mensch auf der einen Seite erhaben ist über jede irdische Creatur, und auf der andern ein Elend trägt, das kein Geschöpf mit ihm theilt. Vergeblich hat das ganze Alterthum die Lösung gesucht. Wie wunderbar wahr und schön läßt Euripides, einer der größten Dichter des antiken Heidenthums, seine „Phädra" sprechen:

>   Schon oft in langen Nächten kann ich schlaflos nach,
>   Wie doch so unglückselig unser Leben sei.
>   Und nicht nach unsres Geistes Art, im Gegentheil,
>   Ganz gegen unsern Willen scheinen wir
>   Stets das zu thun, was uns Verderben bringt.
>   Das Gute kennen wir und haben's vor,
>   Und thun es dennoch nicht . . .
>   Denn zahlreich sind die Lüste dieses Lebens.

Ja selbst im Augenblick, da ich dies dachte,
Bedünkt' ich mir, in Sicherheit zu sein,
Daß nun kein Zaubertrank mir schaden könne.
Doch ach! trotz meines Geistes Widerspruch —
Ich fehlte.

Fragen wir die Geschichte der Menschheit, fragen wir alle philosophischen Systeme und alle Religionen der alten Welt: Woher das Böse und die Verderbniß und das Elend in der Menschheit? — sie werden uns die Frage nie lösen, wenn sie nicht zurückgehen bis zum ersten Menschen. Ohne den Glauben an den Sündenfall und an die Erbsünde bleibt der Mensch in seiner sittlichen Gestaltung und in seiner Lebensnoth ein Räthsel für jede Religion und für jede Philosophie.

Man ruft mir entgegen: Der Glaubenssatz von der Erbsünde ist unbegreiflich! „Es ist wahr," schreibt Balmes, „der Kampf des Fleisches wider den Geist, jene Verderbtheit des Willens, die uns von Kindheit an dem Bösen unterwirft, ist das unergründlichste Phänomen der menschlichen Natur. Allein man stoße den genannten Glaubenssatz um, und die Welt verwandelt sich für uns in ein Chaos. Die Geschichte der Menschheit ist dann nichts mehr als eine Reihe von Katastrophen; nichts anderes, als, wie Bayle[1] sagt, die Erzählung der Unglücksfälle und Lasterthaten der Menschen, und das Leben der Einzelnen eine Kette von Elend. Man verwerfe den Glaubenssatz von der Erbsünde, und man wird überall nur das Uebel finden, und zwar das Uebel ohne Gegengewicht, ohne Ausgleichung. Alle Ideen der Ordnung, der Gerechtigkeit verwirren sich in unserem Geiste, und wir kommen zu keinem andern Resultat als zum widersinnigsten: zur Läugnung Gottes."

„Nur durch die Offenbarung", meint der gleiche Denker, „kommt man aus dieser Schwierigkeit heraus." Und selbst Voltaire bekennt: „Die Offenbarung allein kann jenen wichtigen Knoten lösen, den alle Philosophen nur noch verwickelter gemacht haben."

Ja, christliche Zuhörer! sobald wir das Dogma vom Sündenfall und seinen Folgen als Schlüssel nehmen oder als Grundstein der Menschengeschichte, dann erschließt sich uns das hellste Licht über die

---

[1] Der berühmte französische Philosoph und Kritiker, gestorben 1706.

Geschichte der Menschheit und ihrer Religionen, und das Gebäude erhebt sich von selbst. „Man gewahrt", sagt Balmes, „dann tiefe Ursachen, anbetungswürdige Absichten Gottes, wo man sonst nur Ungerechtigkeit und Zweifel erblicken würde, und die Reihe der Ereignisse seit der Schöpfung bis auf unsere Tage entrollt sich vor unsern Augen wie ein mächtiges Tuch, in welchem die Werke unbeugsamer Gerechtigkeit und unerschöpflicher Barmherzigkeit eingewirkt sind, ineinander verbunden und einander umspinnend nach einem Muster, das unendliche Weisheit erdacht hat."

„Die schrecklichen Worte, welche dem Rufe: ‚Adam, wo bist du?' folgten: ‚Verflucht sei die Erde um deinetwillen. Dornen und Disteln soll sie dir tragen. Im Schweiße deines Angesichtes sollst du dein Brod essen, und du wirst zum Staube zurückkehren, von dem du genommen bist', — sie hallen heute noch, nach vielen Jahrtausenden, traurig wieder. In alle Ereignisse der Geschichte, in den ganzen Verlauf des menschlichen Einzellebens, überall leuchtet der schreckliche Glanz des feurigen Schwertes, das vor die Pforte des Paradieses gesetzt ist und es uns wehrt, hienieden glücklich zu sein. Der Schweiß des Angesichtes und der Tod bieten sich überall dar; nirgends wird man wahrnehmen, daß die Dinge im Menschenleben den gewöhnlichen Gang gehen; immer und überall finden wir die Zeichen der Strafe und der Sühne."

„Je mehr man über diese Wahrheiten und Thatsachen nachdenkt, desto tiefer erscheinen sie. ‚Im Schweiße deines Angesichtes sollst du dein Brod essen', sprach Gott zu unserem Stammvater, und in diesem Schweiße ißt es heute noch die ganze Nachkommenschaft. Diese Strafe können wir überall angewendet sehen. Sie geht nicht bloß in betreff jenes Brodes in Erfüllung, das unsern Leib nährt, sondern auch bei allem, was unsere geistige Vervollkommnung betrifft. Der Mensch macht in nichts Fortschritte ohne mühevolle Arbeit und kommt nie zu dem Punkte, nach dem er verlangt, ohne daß viele Verirrungen ihn ermüdet haben. In allem und jedem erfüllt sich, daß ihm die Erde anstatt der Früchte Dornen und Disteln trägt. Hat er irgend eine Wahrheit zu entdecken, so gelangt er zu ihr nicht, ohne vorher lange Zeit Irrthümern nachgegangen zu sein; hat er eine Kunst zu vervollkommnen, so müssen tausend unnütze Versuche diejenigen ermüden, die sich damit beschäftigen, und es ist noch von Glück zu sagen, wenn die Enkel die Früchte dessen genießen, was die Großväter gesät haben."

„Handelt es sich um Verbesserung der socialen und politischen Zustände, so gehen in der Regel blutige Revolutionen der gewünschten Wiedergeburt voran, und oft befinden sich nach langen Leiden die unglücklichen Völker in einem schlimmern Zustande als vorher. Soll einem Volk die Civilisation und die Cultur eines andern mitgetheilt werden, so geschieht die Einpfropfung mit Feuer und Schwert; ganze Generationen müssen sich opfern, damit man zu einem Resultate komme, das erst späte Geschlechter sehen werden."

„Man wird das Genie nie ohne Unglück sehen, den Ruhm eines Volkes nie ohne Ströme von Blut und Thränen, die Ausübung der Tugend, den Heroismus nie ohne Verfolgung. Alles Schöne, alles Große, alles Erhabene wird nicht ohne langwierigen, oft blutigen Schweiß erlangt und nicht bewahrt ohne mühevolle Arbeit. Das Gesetz der Strafe und der Sühne zeigt sich überall."

„Das ist die kurze Geschichte des Menschen und der Menschheit — gewiß eine traurige, aber unbezweifelte, wahre Geschichte, geschrieben mit verhängnißvollen Buchstaben, geschrieben für jeden Fleck Erde, auf den die Kinder Adams ihren Fuß gesetzt haben!"

So ist die Erbsünde die Quelle, aus welcher alle Noth, alles Elend der Menschheit geflossen ist und noch fließt bis zur Stunde. Aus der gleichen Quelle — und hier sind wir am Wendepunkt unserer Beweisführung angelangt — stammt aber auch die geistige Blindheit des Menschen in Bezug auf Gott und das Uebernatürliche.

Von Gott durch die Sünde entfernt, fiel der Mensch in die Gewalt der Sinne und des Irdischen. Und je mehr diese zur Herrschaft gelangten, um so mehr verwischte sich in ihm das Bild des wahren Gottes und schwand vor seinem geistigen Auge das Uebernatürliche.

Der Mensch suchte Gott wieder, weil er ohne ihn nicht leben kann; aber er fand ihn nicht mehr, weil die Sinne in ihm zu mächtig waren und sein geistiges Auge verfinstert war.

So geschah, was der heilige Apostel Paulus also beschreibt: „Was von Gott bekannt ist, war ihnen offenbar; aber ihr thörichtes Herz war verfinstert.... Sie verwandelten die Herrlichkeit des unvergänglichen Gottes in die Bilder vergänglicher Menschen, Vögel, vierfüßiger und kriechender Thiere.... Gottes Wahrheit verwandelten sie in Lüge; darum überließ sie Gott den Gelüsten ihres Herzens und ihren Leidenschaften, so daß sie den wahren Gott nicht mehr erkannten."

Hier nun haben wir die Erklärung von der Existenz so vieler Mißgeburten auf religiösem Gebiet bis zur Stunde und den Grund, warum die Wahrheit des Christenthums so langsam sich Bahn bricht in der Menschheit.

Man wird mir vielleicht die Frage entgegenhalten: Warum wurde aber nicht allen Menschen das Christenthum als die allein wahre Religion alsbald nach seinem Erscheinen in der Welt zugänglich gemacht? Wir kommen auf diese Frage ausführlich zurück im Laufe unserer Fastenbetrachtungen. Hier nur so viel: Das Christenthum als die Wiedervereinigung des Menschen mit Gott ist eine Gnade, eine Wohlthat. Die Menschheit hat kein Recht darauf.

Es kann sich jemand nur beschweren, wenn ihm ein Recht entzogen wird, nicht aber eine Gnade. Gott ist jedem Menschen nur hinreichende Mittel schuldig, zu seiner ewigen Bestimmung zu gelangen, und die hat, wie wir später sehen werden, jeder Mensch. Gott ist gegen alle Menschen gut, gegen manche aber besser. So z. B. gibt er einem Heiligen mehr Gnade als jedem von uns.

Wem aber mehr gegeben wird, von dem wird auch mehr verlangt. Und der höher Begnabigte wird auch mehr zur Rechenschaft gezogen. Der Heiland selbst spricht davon, daß es am Tage des Gerichtes heidnischen Völkern besser ergehen werde als solchen, denen sein Heil geboten war, die es aber verkannt haben.

Endlich dürfen wir bei den verschiedenen religiösen Anschauungen nicht vergessen, daß die Erbsünde dem Menschen seinen freien Willen nicht genommen hat und daß der Mensch auch frei ist im Christenthum, welches die Freiheit des Willens keinem Menschen nimmt ober nehmen will. Die große Macht des menschlichen freien Willens kann sich daher auch dem Christenthum gegenüber geltend machen, und sie hat sich geltend gemacht zu allen Zeiten desselben und macht sich noch zur Stunde geltend in der Bildung von religiösen Bekenntnissen außerhalb der Kirche und in zahllosen Privatmeinungen über die christlichen Wahrheiten.

Und nun gehen wir zum eigentlichen Gegenstand unserer Betrachtung über. Wir wollen aber der Klarheit wegen die Intoleranz voranstellen und sie zuerst behandeln. Für heute sage ich: Amen.

II.

Wir haben es bereits angedeutet, daß das Wort Intoleranz, Unduldsamkeit zu keiner Zeit so angeschwärzt war wie in der Zeit, in welcher wir leben. Man braucht das Wort nur zu nennen, um viele Leute, namentlich gebildete und halbgebildete, von Entrüstung und allen möglichen düstern Vorstellungen erfaßt zu sehen.

Nicht bloß die religiöse Intoleranz wird verurtheilt, sondern auch die Gesetze, die Einrichtungen und die Menschen vergangener Jahrhunderte werden ohne Gnade verdammt, sobald sie den leisesten Schatten von Unduldsamkeit an sich tragen. Und warum? Weil unser Jahrhundert das Jahrhundert der Duldsamkeit im höchsten, ja, sagen wir es offen, in einem gefährlichen Sinne ist.

Christliche Zuhörer! Es gibt nichts in der Welt, was nicht schon angeschwärzt worden wäre, weil es Menschen gibt, welche alle Dinge mit Leidenschaftlichkeit oder Voreingenommenheit betrachten. Und dann hat, wie jeder Mensch, auch jede menschliche Einrichtung ihre zwei Seiten: Licht und Schatten. Wenn man sie nur beurtheilt vom Standpunkt der Mißstände, die sie im Laufe der Zeit hervorgerufen, und der Mißbräuche, die sie erfahren hat, so wird sie uns tadelnswerth, ja oft verwerflich erscheinen.

Lassen wir uns einmal die Uebel der Monarchie von einem Socialdemokraten oder Anarchisten schildern, oder betrachten wir die Medicin, die Jurisprudenz nur von den Schäden und Ungerechtigkeiten aus, die sie schon verursacht haben, so werden wir beide für fluchwürdig erklären.

Die Cultur hat ja gewiß Großes und Segensreiches geleistet, aber auch viele Uebel großgezogen. Wenn wir nur die letztern ins Auge fassen, so wird uns der Segen der Cultur nichts mehr gelten.

Ja Gott selber erscheint uns grausam und tyrannisch, wenn wir von seiner Güte, Weisheit und Gerechtigkeit absehen und nur die Uebel ansehen, welche uns die Welt darbietet, die durch ihn geschaffen wurde und durch seine Vorsehung regiert wird.

So ist es auch mit der religiösen Intoleranz: Unkenntniß, Voreingenommenheit und einseitige Betrachtung derselben haben sie in so schlechten Ruf gebracht. Suchen wir nun zuerst ihren wahren Begriff festzustellen und sie dann zu vertheidigen gegen die Beschuldigungen.

Es ist sonst Regel, daß man vorzugsweise in unserem lieben deutschen Vaterlande gerne räsonnirt über Dinge, die man nicht genau kennt; aber im Punkte der religiösen Intoleranz machen es andere Nationen ebenso. So schreibt der „große" Genfer Rousseau einmal in seinem „Émile": „Gott möge mich behüten, daß ich niemals den Menschen das grausame Dogma der Intoleranz predige! Wäre auf Erden nur eine Religion, außerhalb welcher es ewige Qual gäbe, und fände sich an irgend einem Orte der Welt ein einziger Mensch, der sich von der Wahrheit dieser Religion nicht überzeugt hielte, so wäre der Gott dieser Religion der ungerechteste und grausamste Tyrann, wenn er diesen Menschen verdammen wollte." Und ein andermal sagt der gleiche Ungläubige: „Man verkündigt uns einen Gott, der vor zweitausend Jahren am andern Ende der Welt — ich weiß nicht, in welchem Städtchen — geboren und gestorben sei, und erklärt uns, daß alle, die nicht an dieses Geheimniß glauben, verdammt werden. Das ist eine barbarische Intoleranz."

So wie dieser geniale Freigeist, sprechen Tausende in unserer Zeit, und urtheilen damit gerade so unverzeihlich leichtfertig wie der Genfer Philosoph. Alle aber, die so reden und damit gegen die katholische Kirche zielen, schießen ihre Pfeile auf sich selber ab; und die Lehre, die sie damit verspotten, müßten sie schließlich verehrungsvoll bekennen, wenn sie einer vernunftgemäßen Betrachtung der Intoleranz Gehör schenken wollten.

Versuchen wir hier eine solche Betrachtung, wenigstens für uns, die wir hier versammelt sind. Ich sage: Die Intoleranz ist das Gesetz der Gesetze und somit die Bedingung für alles, was auf Existenz

Anspruch macht. Erklären wir diese Behauptung: Alles, was existirt — nicht bloß in der menschlichen Gesellschaft, sondern in der ganzen Natur —, existirt nur durch Gesetze, seien es natürliche oder menschliche, geschriebene oder ungeschriebene. Jedes Wesen, jede Pflanze, jedes Thier hat seine Gesetze, seine Art und Weise des Seins, die ihm eigen ist und vermöge der es ist, was es ist. Diese Wahrheit ist unbestritten. Ebenso auch die, daß, wer „Gesetz" sagt, auch zugleich von etwas redet, das man nicht beliebig befolgen oder übertreten könne. „Das Gesetz", sagt schon der heidnisch-römische Weltweise Cicero, „hat den Charakter, zu gebieten oder zu verbieten."

Wenn also das Gesetz die Existenz jedes Wesens bedingt und somit die Nothwendigkeit das Eigenthümliche des Gesetzes ist, so muß man schließen, daß jedes Wesen seine Nothwendigkeit, zu sein, ohne die es zu Grunde geht, mit sich bringt. Diese Nothwendigkeit ist aber nichts anderes als seine Intoleranz, d. h. das Gesetz seines Daseins duldet nicht, daß man ihm zu nahe tritt, weil sonst die Existenz des betreffenden Wesens bedroht ist.

Gehen wir alle natürlichen, alle bürgerlichen und sittlichen Gesetze durch, so werden wir finden, daß wir außerhalb derselben nie im Genusse einer Sache bleiben können, die von diesen Gesetzen abhängt. Erklären wir das an Beispielen. Nehmen wir einen Fisch aus dem Wasser, so ist sein Lebensgesetz übertreten. Dies Gesetz duldet diese Uebertretung nicht, und der Fisch stirbt. Bauen wir ein Haus gegen das Gesetz der Schwere, so wird das Haus einstürzen; das Gesetz der Schwere duldet nicht, daß man dagegen handle. Verüben wir einen Diätfehler gegen ein Gesetz unserer leiblichen Natur, so wird Unwohlsein die Folge sein; das Gesetz der Natur duldet ungestraft keine Uebertretung. Verletzen wir ein Sittengesetz, so verlieren wir die Ruhe des Gewissens. Handeln wir gegen ein bürgerliches Gesetz, so folgt die Strafe; denn das bürgerliche Gesetz duldet nicht ungestraft seine Uebertretung. Ja das bürgerliche Gesetz ist so intolerant, daß es selbst eine gesetzliche Formalität nicht verletzen läßt: die Urkunden sind null und nichtig, wenn die Form nicht eingehalten wird. Fehlen wir gegen die Statuten eines Vereins, so werden wir von demselben ausgeschlossen, weil seine Existenz Uebertretungen nicht dulden kann.

Ueberall im Leben begegnen wir somit der Intoleranz, und sie gerade ist es, die Ordnung, Harmonie, Gleichgewicht in der Welt herstellt und erhält. Was würde z. B. aus unserem Leben und Eigenthum werden, wenn das Gesetz nicht intolerant wäre gegen Mord und Diebstahl? Wie könnten gesellschaftliche Vereine existiren, wenn jeder mit ihren Satzungen umgehen könnte, wie ihm gut dünkte? Was würde aus der ganzen sichtbaren Welt werden, wenn die Gesetze, denen die Himmelskörper in ihrem Laufe unterstellt sind, nicht so intolerant wären und Uebertretungen duldeten?

Es gibt aber nicht bloß bürgerliche Gesetze, Gesetze des Staates, der Gesellschaft; es gibt auch Gesetze des Geistes, der Seele, der Religion. Diese Gesetze ordnen das Verhältniß des Menschen zu Gott, ein Verhältniß, das in der Natur des Menschen begründet ist und in der ganzen Geschichte der Menschheit zu allen Zeiten sich geltend gemacht hat.

Entweder gibt es nun eine wahre Religion, d. i. eine, welche in Wahrheit die Beziehungen des Menschen zu Gott regelt, und so regelt, wie es dem Willen Gottes gemäß ist, — oder es gibt keine. Gibt es keine, dann wäre es ein Unsinn, von religiöser Unduldsamkeit auch nur zu reden; denn etwas, das nicht existirt, hat auch nicht das Recht, intolerant zu sein.

Nun gibt es aber eine wahre Religion, d. i. eine solche, welche den Menschen mit Gott vereinigt und seiner ewigen Bestimmung zuführt; und diese ist das Christenthum, und zwar ist sie es deshalb, weil in Christus Gott selber vom Himmel herabkam und das Band zwischen Gott und Mensch wieder anknüpfte.

Daß Jesus Christus Gott ist, haben wir in frühern Fastenvorträgen[1] bewiesen. Daß er fortlebt in seiner Kirche und daß diese seine wahre Kirche die katholische sei, haben wir ebenfalls, wie ich glaube, zur Genüge dargethan[2].

---

[1] Jesus von Nazareth, Gott in der Welt und im Sacramente. Sechs Vorträge, gehalten in der Fastenzeit 1890 in der Kirche St. Martin zu Freiburg. Mit Approbation des hochw. Herrn Erzbischofs von Freiburg. Zweite, verbesserte Auflage. Freiburg, Herder, 1892.

[2] Die wahre Kirche Jesu Christi. Sechs Vorträge, gehalten in der Fastenzeit 1887 in der Kirche St. Martin zu Freiburg. Zweite, neu durch-

Wenn nun das Christenthum die einzig wahre und wahrhaft göttliche Religion und die katholische Kirche die einzige von Christus bevollmächtigte und mit seinem stätigen Beistande versehene Vertreterin des Christenthums ist, so muß die Kirche intolerant sein, d. h. sie darf nicht dulden, daß die Menschen die Offenbarungen, Wahrheiten, Satzungen und Segnungen Jesu Christi beliebig annehmen oder verwerfen, beliebig deuteln und ändern.

Jesus Christus, der in und durch seine Kirche fortlebende und fortwirkende Gott, hat gesagt: „**Ich bin der Weg, die Wahrheit und das Leben. Niemand kommt zum Vater, außer durch mich.**" In diesen Worten hat er selber die religiöse Intoleranz des Christenthums begründet und proclamirt und jeden andern Weg und jede andere Wahrheit ausgeschlossen von der Fähigkeit, zum ewigen Leben und zum Vater zu führen.

Thomas a Kempis fügt den obigen Worten des Heilandes hinzu: „Jesus Christus ist der Weg, denn ohne Weg kann man nicht gehen; die Wahrheit, denn ohne Wahrheit nicht erkennen; das Leben, denn ohne Leben nicht sein." Die Menschheit hatte sich von Gott entfernt, Christus hat ihr den Weg zu ihm wieder eröffnet; sie hatte keine Kenntniß mehr vom wahren Gott, Christus hat diese Wahrheit sie gelehrt. Aber sowohl der Weg als die Wahrheit, wie weit und frei sie auch sein mögen, haben und müssen ihre festen und scharfen Grenzen haben. Und in diesem Sinne schließen sie alles aus, was nicht sie selber sind. Denn wenn wir auch außerhalb des Weges und der Wahrheit Jesu Christi unser Heil bewirken könnten, dann hätten beide für uns nichts Festes und nichts Sicheres mehr, und die Worte Jesu, daß er der Weg, die Wahrheit und das Leben sei, wären bedeutungslos. Das ist sonnenklar.

Es ist kein kleiner Beweis für die Göttlichkeit des Christenthums, daß es vor ihm keine einzige Religion gab, die sich ihrer Wahrheit so sehr bewußt war, daß sie für dieselbe die Intoleranz beanspruchte und deshalb keine andere Religion als wahre neben sich duldete. Das

---

gesehene Auflage. Mit Approbation des hochw. Kapitelsvicariats Freiburg. Ebenda 1897.

Christenthum allein wagte es, von seinen Lehren das ewige Heil abhängig zu machen. Die heidnischen Religionen vor Christus stritten sich wohl um die Erde, aber nicht um den Himmel. Sie duldeten einander, weil keine die Wahrheit hatte und die Wahrheit allein alles ausschließt, was nicht sie selber ist.

Wer von einer solchen Wahrheit, von einem ausschließlichen Heile nichts wissen will und behauptet, in jeder Religion sei dasselbe zu finden, der tilgt schließlich jede Religion. Wenn alle Religionen gleichwerthig sind, so ist keine etwas, und die Gottlosigkeit ist dann auch eine Religion. Und um dieser Gottlosigkeit zu entgehen, muß jeder, der einem religiösen, positiven Bekenntniß angehört und etwas darauf hält, intolerant sein, d. h. er darf nicht sagen, eine andere Religion als die seine habe auch die Wahrheit.

Wenn der Katholik sagt: außerhalb meiner von Christus gegründeten Kirche kein wahres Heil, so muß der Protestant sagen: außerhalb Christus kein Heil, und der Theist (der an einen Gott glaubt): außerhalb des natürlichen Gottesglaubens kein Heil. Wenn sie das nicht sagen, so sind sie keine Katholiken, keine Protestanten und keine Theisten. Der Atheist allein, der an kein höheres Wesen glaubt, kann tolerant sein; aber in gewissem Sinne ist auch er intolerant, weil er alles läugnet und nichts aufkommen läßt, was nicht Unglaube heißt.

Merkwürdigerweise macht man jedoch vorzugsweise nur der katholischen Kirche den Vorwurf der Intoleranz. Doch bringt man ihr dadurch eine ganz auffallende Huldigung dar. Und diese Huldigung enthält in ihrem innersten Kern nichts anderes als das Compliment, daß sie die allein wahre Religion ist, weil sie, im Bewußtsein, diese zu repräsentiren, nicht mit sich markten läßt und kein Jota von dem aufgibt, was sie als Offenbarung Christi, des Sohnes Gottes, ansieht.

Diese Intoleranz ist ihre Größe. Betrachten wir einmal, wohin es der Protestantismus mit seiner Duldung der Meinungen gebracht hat: zu einem ganzen Labyrinth von Secten, von denen eine gegen die andere intolerant ist und von denen jede, die Bibel in der Hand, die andere excommunicirt. Der Protestantismus ist intolerant gegen sich selbst geworden, weil er durch die Toleranz, durch die Duldung aller andern biblischen Anschauungen den eigenen Glauben untergräbt, alle Irrthümer auf religiösem Gebiete zugeben und so schließlich die Hauptwahrheit des Christenthums, die Gottheit Jesu, angreifen lassen muß, wie dies bereits längst geschehen ist.

Gar trefflich sagt hierüber der englische Protestant Cobbet: „Es ist entsetzlich, anzunehmen, es könnte zweierlei wahre Glauben geben! Nothwendig muß einer von beiden falsch sein. Wer kann also eine Toleranz billigen, die folgerichtigerweise eine Unzahl von Glaubensarten erzeugen muß?" —

Fassen wir nun das Gesagte kurz zusammen. Wir haben gesehen: Intoleranz ist das Gesetz der Gesetze, und wir treffen sie darum als eine absolute Nothwendigkeit überall, in der Natur wie im Menschenleben. Eine nothwendige, natürliche Seite des letztern ist aber auch die Religion. Wenn es nun eine wahre Religion gibt, so muß dieselbe intolerant sein, wenn sie als solche existiren will. Da nun, wie wir in frühern Fastenbetrachtungen nachgewiesen, das Christenthum die einzig wahre Religion und die katholische Kirche deren einzig bevollmächtigte Trägerin ist, so muß die katholische Kirche intolerant sein gegen alle andern religiösen Lehren, die nicht die ihrigen sind, und sie muß dies sein, weil sie sonst sich selbst und die Wahrheit aufgibt, zu deren alleiniger Vertreterin sie von Christus bestellt ist. Sie bekämpft und muß deshalb den Satz bekämpfen: „Es ist gleichgiltig, was man glaubt."

Das ist die Intoleranz der katholischen Kirche, der man zum allermindesten, auch auf dem Standpunkte des völligen Unglaubens, eines nicht versagen wird, daß sie vernünftig, logisch und consequent sei. —

Betrachten wir diese Intoleranz nun noch des nähern, und wir werden finden, daß sie die Ehre und den Ruhm der katholischen Kirche ausmacht.

Die katholische Kirche ist intolerant, d. h. sie bekämpft den Satz: „Es ist gleichgiltig, was man glaubt." Man nimmt ihr das besonders übel in einer Zeit, wo so viele Menschen singen und sagen: „Wir glauben all' an einen Gott", und damit vollauf zufrieden sind.

Es ist aber bei diesem lauten Rufe unserer Zeit, daß alle Religionen gleich gut seien, doch eines auffallend: daß die Bekenner dieser

Allerweltsreligion gerade die römisch-katholische am wenigsten gelten lassen und dieselbe einzuschränken, zu kürzen, zu unterbinden, zu discreditiren suchen, wo sie nur können. Man sollte meinen, wenn es gleich ist, was man glaubt, dann sei es auch gleich, wenn die Menschen römisch-katholisch glauben, und es sei dieser Glaube doch wenigstens ebenso viel werth und ebenso berechtigt wie die andern „auch guten Religionen".

Aber auch darin, daß die katholische Kirche allein discreditirt und unduldsam behandelt wird, trotz der Behauptung, es sei gleich, was man glaube, und es genüge, wenn alle an einen Gott glauben, liegt wieder ein die katholische Kirche ehrendes Bekenntniß. Und dieses lautet „im stillen" eigentlich also: „Diese römische Kirche ist die einzige entschiedene Gegnerin der religiösen Gleichgiltigkeit; sie allein hält fest daran, daß Christus der Weg, die Wahrheit und das Leben für alle sei, und darum ist sie uns unbequem."

Die Leute, die so denken, begreifen eben nicht, daß der Kern des Christenthums, als der alleinigen wahrhaft göttlichen Religion, die Ausschließlichkeit, die Intoleranz sein muß. Der Führer der gläubigen Protestanten in Preußen, F. J. Stahl, sagte 1855 ganz richtig: „Der Kern des Christenthums ist die Ausschließlichkeit, seine Wirksamkeit ist Angriff gegen alle andern Religionen und Verbreitung unter den Völkern. Und wie könnte dies auch anders sein? **Seiner eigenen göttlichen Wahrheit gewiß, wie könnte es duldsam sein gegen den Irrthum, der Gott die Ehre und den Menschen das Heil entzieht?"**

Ja, christliche Zuhörer, so ist es. Das Christenthum ist Wahrheit, und die Wahrheit fühlt sich stets veranlaßt, die entgegengesetzte Meinung zu verdammen; thäte sie dies nicht, so könnte sie keinen Anspruch mehr auf Wahrheit machen. Das ist die Logik der Wahrheit.

Weil die katholische Kirche nun festhält an der Gottheit ihres Stifters und Auftraggebers, und weil wegen dieser Gottheit die Lehren Christi göttliche Wahrheiten sind, darum muß die Kirche intolerant sein gegen andere Religionen, wenn sie nicht an den Wahrheiten, die der Christus-Gott ihr anvertraut hat, zur Verrätherin werden will.

Die Intoleranz der Kirche ist aber keine beliebige, keine schranken= lose. Sie beschränkt sich auf die Beziehungen der Seele des Menschen zu Gott, sie ist eine rein religiöse und geistige. In unserer Zeit, so tolerant sie in religiösen Dingen sein will, gibt es dagegen noch ganz merkwürdige Erscheinungen von Intoleranz auf bürgerlichem, gesell= schaftlichem und selbst auf wissenschaftlichem Gebiete. Wie intolerant verhalten sich manche gesellschaftliche und staatliche Kreise! Da darf niemand eintreten und mitmachen, der nicht gewisse Eigenschaften besitzt.

Welch eine Intoleranz herrscht in der Wissenschaft! Wie wird da von manchen Hochschulen jeder ferngehalten, der nicht in den „Ring" und in die Zunft paßt! Wie werden vielfach namentlich katholische Gelehrte von diesen Zunftstätten ausgeschlossen! Wie werden in vielen Ländern die Katholiken in ihren bürgerlichen Rechten gekränkt, ihnen der Weg zu höhern Aemtern möglichst verschlossen und Nichtkatholiken bevorzugt! Beispiele lägen ganz nahe. Ich will sie aber anzuführen unterlassen und nur so viel sagen: Katholisch sein und katholisch glauben ist in gewissen Kreisen keine Empfehlung.

Die intolerante katholische Kirche aber hat der Welt die Lehre ge= bracht, daß alle Menschen gleich seien, und ihre Aemter und Würden bis hinauf zum Papst stehen jedem offen ohne Unterschied der Geburt.

Die Intoleranz der katholischen Kirche ist auch deshalb nur eine geistige, weil ihr keine irdische Macht zur Seite steht. Sie braucht aber auch keine. Die nicht römisch=katholischen christlichen Bekenntnisse sind meist mit den irdischen Gewalten verbunden; der weltliche Schutz steht ihnen deshalb so kräftig zur Seite, weil ihre Oberhäupter auch die weltliche Krone tragen. Dieser Schutz ist für manches von ihnen alles. Die katholische Kirche geht ihren Weg unabhängig von den Interessen der Zeit und der Länder; ihrer Mission gehören alle Länder und alle Jahrhunderte an, seitdem der Herr ihr den Auftrag gegeben: „Gehet hin und lehret alle Völker."

Großartig schön schreibt August Nicolas in seinen philosophischen Studien über das Christenthum: „Das Oberhaupt der katholischen Kirche ist ein schwacher Greis, der seine Hand nicht aufhebt, als nur um zu segnen, oder wenn er Blitze schleudert, so sind es nur geistige. Diese Kirche braucht keine Gewalt, sondern sie predigt bloß, und sie predigt vor allem durch ihre Geduld im Leiden und durch ihren Eifer im Verzeihen. Von den Herren der Welt verlangt sie nur eines: die Freiheit, und wenn diese ihr verweigert wird, so verschafft sie sich dieselbe durch das Martyrthum. Indem sie die Unterdrückung äußerer Handlungen den Menschen überläßt, befaßt sie sich nur mit der Besserung der Seelen. In dem Kampfe, den sie liefert, wird kein anderes Blut vergossen als das ihrige, und keine andere Waffe gebraucht als das Wort und das Beispiel.... Und doch weiß sie sich, obwohl all' ihre Macht auf übernatürlichem, geistigem Gebiete, auf der Einbildung ruht, wie keine andere Religion Glauben und Gehorsam zu verschaffen, und sie sieht von allen Punkten des Raumes und der Zeit Geister und Herzen ihrem Mittelpunkte zuströmen."

„Durch welches Band vermag sie wohl so die Erde zu fesseln? Wo ist das Fundament, der Stützpunkt für diese unermeßliche Wirkung? Nur eines ist es, und dieses eine ist der Anspruch, den sie auf die Wahrheit macht, auf die Wahrheit selbst in ihrer höchsten Bejahung, in ihrer Göttlichkeit und somit in ihrer vollendetsten Ausschließlichkeit." Ja, hierin liegt ihre Macht. Der Stützpunkt ihrer unermeßlichen Wirksamkeit ist die Intoleranz, mit der sie an den ihr anvertrauten Wahrheiten festhält und die entgegengesetzten Irrthümer bekämpft. Nicht die rohe irdische Gewalt ist ihr Lebensnerv, sondern die Wahrheit. Durch diese allein hat die Kirche sich behauptet durch alle Jahrhunderte und durch alle Verfolgungen hindurch, und sie wird sich auch in Zukunft behaupten.

Was diesen Schluß noch bekräftigt, ist folgende Thatsache: Die katholische Kirche wirkt auf die Menschen nur unter der Zustimmung ihres freien Willens. Dabei legt sie aber diesem Willen und seiner Unterwerfung gar harte Proben vor. Sie legt der menschlichen Natur und ihren Leidenschaften einen strengen Zaum an. Mit andern Worten: sie verlangt von ihren Gläubigen die Befolgung vieler Vorschriften und darunter mancher, gegen welche Geist, Herz und Sinne ankämpfen. Sie ist, sagt Nicolas, „feindlich dem Geist durch ihre Geheimnisse, feindlich dem Herzen durch ihre Gebote und feindlich den Sinnen durch ihre Uebungen". Ich erinnere nur an die Beicht und an die Fastengebote.

Warum folgen aber Millionen doch dieser Kirche? Weil sie intolerant, unerbittlich bleibt gegen Geist, Herz und Sinne, wo es sich um das ewige Heil des Menschen handelt und um Wahrheiten, die sie nicht preisgeben darf, und weil sie gerade dadurch die Menschen überzeugt von der Nothwendigkeit und Göttlichkeit dieser Wahrheiten.

Die Kirche weist uns hin auf das Kreuz und zeigt uns den mit Wunden bedeckten, gekreuzigten Gottmenschen, und sagt uns: „In diesem allein, in den Lehren des Gekreuzigten und des Kreuzes ist euer Heil, ihr Menschen!" Was würde aus dem Christenthum und aus dem Weg, der Wahrheit und dem Leben in Jesus Christus geworden sein, wenn die Kirche, tolerant, wie es heutzutage gewünscht wird, von jeher gesprochen hätte und noch spräche: „Ihr Menschen, was ich euch im Namen Jesu verkündige, ist nicht absolut nothwendig zu eurem Heile; ihr könnt ebensogut Heiden oder Juden oder Türken sein; auch ist es ganz gleichgiltig, ob ihr das glaubt, was ich sage, oder was die verschiedenen protestantischen Bekenntnisse lehren"? Und wenn sie weiter spräche: „Der breite, lustige, mit Blumen bestreute Weg führt ebenso sicher zum ewigen Leben wie der Weg des Kreuzes, der Abtödtung und der Buße" — wieviel würden dann die Menschen noch vom Christenthum halten und wie viele Gebote desselben befolgen?

Und wie weit wären die Apostel mit Jesus von Nazareth gegangen, wenn er ihnen gesagt: „Ich bin der Weg und die Wahrheit; ich bin die Thüre; wer eingeht, der wird selig", aber tolerant hinzugefügt hätte: „Ihr könnt jedoch auch den Weg und die Thüre zum ewigen Leben bei Moses oder bei Elias oder bei Johannes dem Täufer suchen"? Glauben wir, daß die Apostel dann auch alles verlassen hätten, um ihm nachzufolgen und für ihn Blut und Leben hinzugeben?

Und darum kann auch die katholische Kirche nicht sagen: „Es ist einerlei, ob ihr euch an mich, die alte, apostolische, von Christus gegründete und durch alle Zeiten hindurchgeführte Kirche haltet, oder an die Lehren von Luther, Zwingli und Calvin."

Begreifen wir es jetzt, christliche Zuhörer, warum die katholische Kirche bei den sogenannten gemischten Ehen nicht erklären kann, es sei ihr gleichgiltig, in welcher

Religion die Kinder erzogen werden, und warum sie darauf bestehen muß — wenn sie nicht sich selbst und die ihr von Christus anvertrauten Wahrheiten aufgeben will —, daß die Erziehung in der katholischen Lehre erfolge? —

Die dogmatische Toleranz, d. h. die Preisgebung der Glaubenssätze ist die Vernichtung der wahren Religion und schließlich jeder Religion. Darum schwärmen alle jene für Toleranz, die mit jeder positiven Religion gebrochen haben. Und wenn sie ihre Toleranz durchsetzen könnten, so kämen wir schließlich zur allgemeinen Religionslosigkeit, und das wäre die grausamste Intoleranz, die Menschheit um die Religion zu bringen und damit um den einzig haltbaren Zügel der Leidenschaften und um den letzten Trost im Elend.

Christus Jesus, der Mann der Schmerzen, hat sich um unsertwillen der intoleranten Gerechtigkeit Gottes unterworfen und zwar bis zum Tod am Kreuze. Er hat mit seinem Blute auf das Kreuz unser Heil in ihm und in ihm allein geschrieben. Wozu hätte er auf die Erde zu kommen, zu leiden und zu sterben brauchen, wenn nicht dies Heil in ihm die Wahrheit und die Nothwendigkeit wäre?

Und wenn die Kirche, die Trägerin dieses Heiles, nicht mit der Donnerstimme der Intoleranz zu allen Zeiten in die Welt gerufen hätte, daß außer Christus und seiner Kirche kein Heil sei, wie viele Seelen würden gleichgiltig an Christus und dem Heile in ihm vorübergegangen sein und noch vorübergehen! Ja, christliche Freunde, die Intoleranz hat das Christenthum durch die Jahrhunderte hindurch gerettet! Die Intoleranz hat die Martyrer geschaffen und das Heidenthum zum Falle gebracht. Sie hat Millionen und Millionen aller Jahrhunderte festgehalten am Heile in Christus Jesus und ihnen Muth gegeben, Welt und Sünde und Todesnoth zu bekämpfen, und sie hat die göttlichen Wahrheiten des Christenthums gerettet durch alle Irrlehren hindurch.

Und darum, wer sein Heil mit Ernst sucht und Ruhe finden will in diesem Wogen, Wanken und Schwanken unseres toleranten und religiös gleichgiltigen Jahrhunderts, der sucht es bei der intoleranten römischen Kirche. Zeugen hierfür sind viele hervorragende Convertiten.

Christliche Zuhörer! Christus Jesus, der Sohn Gottes, hochgelobt in Ewigkeit, hat für uns das Kreuz erduldet; aber er duldet nicht, daß wir alles, was er gelehrt, gethan und gelitten hat, für unnütz erklären, indem wir sagen, man könne in jeder Religion sein Heil finden; es sei gleich, was man glaube. —

Im nächsten Vortrag wollen wir nun die Früchte, welche die Intoleranz der katholischen Kirche hervorgebracht hat, näher betrachten und dann die Vorwürfe, die man dieser Intoleranz macht, widerlegen. Ich schließe die heutige Darlegung mit dem üblichen — Amen.

III.

Intoleranz, selbst in der Religion, muß sein, weil Wahrheit und Irrthum einander niemals gutheißen können. Daß die Kirche in Bezug auf ihre Lehren stets an diesem Grundsatz festgehalten und jedem Versuch, Irrthum und Wahrheit zu vereinigen und zu versöhnen, widerstanden hat, dadurch hat sie einmal und in erster Linie, wie wir bereits angedeutet haben, das Christenthum selbst gerettet. Was würde aus demselben geworden sein, wenn die Kirche der ersten Jahrhunderte gegenüber den von innen und außen auftauchenden Angriffen auf ihre Wahrheiten nicht die strengste Intoleranz geübt hätte?

Bald hätte niemand mehr gewußt, was wahres Christenthum sei, und in tausend Zweifeln der Menschenseelen wäre es schließlich untergegangen.

Mit dem Christenthum, das sie gerettet, hat die Intoleranz der Kirche aber gebracht die natürliche, die bürgerliche und die sittliche Freiheit und damit die höchsten menschlichen Güter.

Jesus von Nazareth trat in die Welt und sprach: „Es gibt nur einen Gott im Himmel und auf Erden, und dieser ist der Vater aller Menschen, und alle Menschen sind Brüder, vor Gott gleich." Er sprach weiter: „Mein Reich, das ich in diesem Sinne gründe, ist nicht von dieser Welt." So stellte er neben das irdische Reich der Staatsgewalt ein zweites mit obigem Grundsatz, ein Reich, in welches er vorzugsweise alle Bedrückten und Leidenden, alle Mühseligen und Beladenen rief; ein Reich, das gegen die Bedrücker und die hartherzigen Reichen Front machte, ja sie ausschloß; ein Reich der Seelen, das dem Menschen das Recht gab, seine Seele zu besitzen und ungeachtet seiner niedrigen socialen Stellung mit dem Himmel zu verkehren und ihm sein Leid zu klagen.

Die Kirche, die Christus hinterließ, predigte das Gleiche, und zwar unerschütterlich, unduldsam, trotz aller Verfolgungen von seiten des irdischen Großreiches, in das sie eintrat.

In diesem Reiche gab es keine Freiheit — keine natürliche und darum auch keine bürgerliche. Das Naturrecht des Menschen, Mensch zu sein und als Mensch zu gelten, Gleichheit und ausgleichende Gerechtigkeit waren dem Alterthum unbekannt. Seine bürgerliche Freiheit stützte sich auf das Recht eines Drittels der Menschheit, die übrigen zu Sklaven zu machen. In den berühmtesten Freistaaten (Republiken) des Alterthums kannte man weder Naturrecht noch bürgerliche Freiheit. Bei ihnen war der Staat alles, der Einzelne nichts. Die Gottheit „Vaterland" gestattete ihren Kindern nicht, für etwas anderes zu existiren als für sie und ihre Einrichtungen. Sie flößte ihren Bürgern all ihren eigenen Haß und ihre Vorurtheile ein. Ihre Macht war die Sklaverei. Zum Himmel konnte der Mensch sich nicht erheben, um Trost und Zuflucht zu suchen. Die „Götter" waren die Mitverschworenen des Vaterlandes, und die irdischen Herrscher nahmen Antheil an der Würde und den Rechten der Götter.

Da kam Jesus von Nazareth und brachte jenes Gesetz, das schon Cicero ersehnte, „ein Gesetz für alle Menschen und für jede Zeit, das ewig bestehen sollte und dessen Urheber allein Gott wäre" — das Gesetz der Gleichberechtigung vor Gott und die Lehre, daß nur e i n e r Herr und Meister sei. „Ihr sollt", so sprach er, „keinen Meister und Vater nennen; nur einer ist euer Meister und Vater, der im Himmel ist, und ihr alle seid Brüder." Diese Lehre und dies Gesetz verbreiteten sich mit dem Christenthume rasch in der römischen Welt, und nun konnte der Weltstaat Rom, der alle andern Staatswesen in sich aufgenommen hatte, mit den alten Rechtsanschauungen nicht mehr bestehen in dieser neuen Atmosphäre des Christenthums. Je mehr das Christenthum mit seinen Anschauungen über die sociale Stellung des Menschen vordrang, um so mehr begann der heidnisch-römische Staat zu wanken. Zwar verbot dieser unter Todesstrafe, in das Reich Jesu von Nazareth, des Verkünders der natürlichen Freiheit und Gleichheit, einzutreten; allein die christliche Kirche blieb intolerant; unter Blut und Marter setzte sie ihre Lehre fort. Der seitherige

Alleinherrscher „Staat" begann mit ihr deshalb einen Kampf auf
Leben und Tod. Und als der Kampf vorüber, war der römische
Weltstaat verschwunden, und da, von wo aus die römischen Kaiser
die Welt regiert hatten, saß der Nachfolger Petri, des Fischers vom
See Genesareth. Es gab über die ganze alte Welt hin nur eine
einzige wahre Republik mit den großen Glaubenssätzen der Freiheit,
der Gleichheit und der Brüderlichkeit, und das war die Republik der
Christenheit.

Jetzt erst war der Mensch wieder etwas werth, hinab bis zum
Kinde. Man opferte nicht mehr Tausende von Menschen dem Vergnügen und den Spielen der „bessern Stände", und die Kinder
wurden nicht mehr wie werthlose Thiere behandelt, die man wegwirft oder ersäuft.

Ehe der Mensch aus diesem Zustande der Werthlosigkeit herausgerissen und über die Schätzungsstufe des Thieres erhoben war, konnte
man unmöglich an Freiheit denken; denn wo der Mensch wie ein
Thier behandelt und sein Leben und seine Kräfte nach dem Geldwerth
berechnet sind, ist persönliche Freiheit unmöglich.

Die christliche Kirche hat ihn aus diesem jammervollen Zustande errettet; sie befahl mit ihrer Intoleranz den Herren, die Sklaven als
ihre Brüder und Mitmenschen zu betrachten, und den Sklaven, ihren
Herren gehorsam zu sein um Christi willen. Sie verlangte aber auch
im Laufe der Zeit der Sklaven Freiheit. Es existiren 436 Bullen
römischer Päpste zu Gunsten der Aufhebung der Sklaverei.

So kam Selbstbewußtsein und damit das Gefühl der Freiheit in
die Menschen, und die bürgerliche Freiheit baute sich von selbst auf,
nachdem die Sklaven ihr natürliches Recht durch das intolerante
Christenthum wieder gewonnen hatten.

Die Intoleranz der Kirche hat mit der bürgerlichen Freiheit noch
eine andere, wichtigere gebracht. Sie hat die Menschheit nicht bloß
von der Tyrannei des alten Staatswesens befreit, indem sie alle
Menschen zu gleichen Unterthanen eines und desselben Reiches und
Gesetzes machte, sondern sie hat dieselben auch erlöst von der Tyrannei
der Leidenschaften. Sie hat uns aus Sklaven der Sünde zu freien
Kindern Gottes gemacht. „Meine Wahrheit", hat der Herr gesagt,

„wird euch frei machen." Ja, diese Wahrheit hat der Welt auch die sittliche Freiheit gebracht. Und wenn das Christenthum mit seinem intoleranten Sittengesetz nur einem einzigen Menschen dieselbe gebracht, nur einen einzigen Heiligen erzeugt hätte, so hätte es etwas geleistet, wozu das Heidenthum schlechterdings unfähig war. Es hat aber zahllose Menschen aller Stände, aller Alter und Geschlechter erzeugt, von denen das Wort des Dichters gilt:

> Tapfer ist der Löwenfleger,
> Tapfer ist der Weltbezwinger,
> Tapfrer, wer sich selbst bezwang. —

Am glänzendsten jedoch hat sich die Intoleranz der Kirche bewährt in der Erhebung des Weibes zur ebenbürtigen Gefährtin des Mannes und in der dadurch bedingten Gründung und Erhaltung der christlichen Familie. Der Mann hat im alten Heidenthume — und heute noch, wo es besteht — alles gegen das Weib aufgehäuft, was es Hartes und Entwürdigendes gab. Er hat die Frau zur Magd, zur Gefangenen erniedrigt und an die schwierigste Arbeit gefesselt, während er nichts that. Man hat sie zur Ehe genommen in Form eines Kaufes und sie rechtlos und unfähig gemacht selbst zur Erziehung der Kinder. Nicht einmal das Recht des Lebens hat die Frau bei manchen heidnischen Völkern mehr, wenn der Mann aus diesem geschieden.

Entehrt durch Schmach, die man ihm angethan, wurde dem Weibe noch das weitere Unrecht zugefügt, nach Belieben verstoßen und weggeworfen zu werden wie ein abgenütztes Hausgeräthe. Ein Sklave war mehr werth als die Frau, und mehr denn einmal kam es vor, daß die Sklaven des Hauses der verstoßenen Herrin spotteten. Dazu kam noch all die Erniedrigung und Entsittlichung der Vielweiberei.

Das war die Lage des Weibes vor dem Christenthum und ist sie heute noch, wo dasselbe nicht hinkam.

Das Christenthum trat in die Menschheit und lehrte: „Das Weib ist an Menschenrecht und an Menschenwürde dem Manne gleich. Ein Mann und ein Weib sollen verbunden sein mit Leib und Seele zu einem Menschen, und zwar für immer und unauflöslich, bis der Tod sie trennt."

Diese Lehre widerstrebte den Leidenschaften, vorzugsweise denen des Mannes, und die Männer hätten diese Lehre Jesu Christi mit Füßen getreten, wenn nicht die Kirche mit ihrer Intoleranz sich ihnen wie ein unbezwingbarer Wall entgegengestellt hätte.

Jahrhunderte lang, unter den mannigfaltigsten und furchtbarsten Umständen hat die katholische Kirche gekämpft wider die Leidenschaften der Männer, vorab der Mächtigen, um die Einheit und Heiligkeit der Ehe und die Ehre des Weibes aufrecht zu erhalten. Furchtlos ließ sie ihr intolerantes „Anathema sit" (der sei im Banne) erschallen. Die Geschichte zeigt uns Fälle genug, in denen die Intoleranz der römischen Päpste im Streit lag mit Fürsten, die den Wall der Monogamie zu durchbrechen suchten. Doch nicht einmal der Verlust eines Königreiches (England) konnte sie bewegen, nachzugeben. Ein einziger Blick in die Geschichte des Mittelalters, wo der rohe Mann alle Anstrengungen machte, um die Fesseln, die das Christenthum ihm anlegte, zu zerreißen, und wo der „Jungfrauenraub" nicht zu den Seltenheiten gehörte, zeigt, wie nothwendig die Intoleranz der Kirche war.

Die Reformation kam und rüttelte an der Lehre des Christenthums über die Ehe. Beim ersten Vorstoß, den ein Fürst (der Landgraf von Hessen) machte, gab jene nach; aber die römische Kirche hatte mit ihrer Intoleranz die Familie und die Monogamie schon so befestigt, daß das protestantische Volk die Consequenzen aus jener fürstlichen Doppelehe verwarf. Die Vielweiberei konnte in Europa nicht mehr Wurzel fassen, und die Ehe, das wahre Palladium des gesellschaftlichen Lebens und der Civilisation, blieb rein erhalten.

Ja, diese starrsinnige römische Unduldsamkeit verdient den ewigen Dank aller europäischen Völker; denn sie hat ihnen die Einheit der Ehe bewahrt und durch die Erhebung des Weibes zur Gattin und Mutter, zur Herrin und Königin, zur Beratherin und Trösterin im christlichen Hause die ganze Civilisation gegeben und erhalten!

Meine Brüder und Schwestern in Christo! Daß wir alle Kinder christlicher, freier Mütter sind und nicht das Blut einer entehrten Sklavin in uns tragen; daß wir ein Elternhaus haben, bei dessen Andenken oft noch der einzige Sonnenschein auf unser späteres Leben fällt: das verdanken wir der **Unduldsamkeit**, der so viel geschmähten Intoleranz der katholischen Kirche.

Und was glaubt ihr, meine Andächtigen, würde aus den Völkern Europas werden, wenn dieselbe Kirche in unsern Tagen den Strömungen, Lehren, Einrichtungen und Gesetzen gegen den religiös-christlichen Charakter der Ehe nachgäbe, und wenn auch sie, die Weltkirche, die **Unauflöslichkeit** derselben preisgäbe, wie andere christliche Bekenntnisse?

Man hat unter dem lauten Protest der Kirche die Ehe, ein Sacrament Jesu Christi, zu einem Act bloßer bürgerlicher Uebereinkunft gemacht und sie dem erhabenen Schutze der Religion entfremdet. Die Religion allein aber vermag die Ehe zu erheben über die stürmische Sphäre der Leidenschaften. Sie allein vermag die stärkste und begehrlichste und verderblichste menschliche Leidenschaft zu zügeln. Wie schnell würden sich darum die verhängnißvollsten Erscheinungen zeigen, wenn auch die römische Kirche hierin nachgäbe und die Zügel nicht so streng hielte, wie von Anfang an!

Wahrlich, die Frauenwelt, deren Vorrecht ein feines Gefühl ist, sie ahnt es, was da käme, und weiß darum, weshalb sie nach wie vor ihre Ehebündnisse unter die Intoleranz der Kirche gestellt wissen will! —

Fragen wir weiter: Was nützt die Intoleranz der katholischen Kirche in unserer Zeit, in welcher die religiöse Gleichgiltigkeit als Modeartikel und charakteristisches Merkmal fungirt? Wie ginge es da dem Christenthum und damit der europäischen Civilisation, die auf ihm ruht, wenn die römische Kirche nicht intolerant bliebe in Bezug auf die christlichen Wahrheiten?

Der Freund und Mitreformator Luthers, Philipp Melanchthon, hat behauptet: „Die Glaubensartikel müssen geändert und den Zeiten und Umständen angepaßt werden." Wir dürfen uns nicht wundern, wenn nach diesem Programm der Protestantismus in so viele Secten zerfiel und bei vielen Leuten vor lauter Anpassen an die Zeit das Christenthum ganz unterging und nichts mehr übrig blieb als, wie schon Lessing einmal meint, „die Einband-Decke des Katechismus".

Was würde geschehen, wenn auch die katholische Kirche nach dieser Grabschrift des Christenthums von Melanchthon handelte? Da war in unsern Tagen der Protestant und Rationalist Stäudlin doch vernünftiger. Er schreibt: „Für die Wahrheiten der Religion kann es niemals einen Fortschritt geben, sie können niemals einer Aenderung unterworfen sein und niemals alt werden; denn sie haben kein Kindesalter und keine Jugendzeit gehabt. Sie sind von Anfang an in der ganzen unwandelbaren Vollkommenheit dagewesen, weil sie göttlichen Ursprungs sind."

Besser kann man die Intoleranz der Kirche nicht mehr rechtfertigen, als es mit diesen Worten geschieht.

Christliche Zuhörer! Bei den Angriffen auf diese Intoleranz vergißt man gar gerne, daß es auch noch eine andere Intoleranz gibt — die des Staates. Und merkwürdigerweise wird die religiöse Intoleranz von denselben Leuten angegriffen und getadelt, welche die staatliche hochhalten. Zu allen Zeiten hat man dem Staate den Grundsatz zuerkannt, intolerant zu sein, auch wenn der Ueberzeugung der betroffenen Individuen mehr oder weniger Zwang zugefügt wird. Der Staat beansprucht dies Recht im Namen der öffentlichen Ruhe, Sitte und Ordnung; er schreitet gegen jeden „politischen Verbrecher" ein, selbst wenn dieser noch so sehr überzeugt wäre von der Gerechtigkeit seiner Sache und von dem Unrecht der bestehenden Gesetze. Wir sehen z. B. heute, wie die Staaten sich durchaus intolerant verhalten gegen die Lehren und Ueberzeugungen der Socialdemokraten und Anarchisten. Diesen Leuten gegenüber ist die Intoleranz „lieb Kind", und alle Besitzenden loben diese Intoleranz und rufen nach ihr; denn jene predigen ja, Eigenthum sei Diebstahl, und lehnen sich gegen den Herrn Staat und seine Regenten auf. Daß sie nichts glauben und gegen Kirche und Pfaffen reden, das duldet man aber gerne.

Ist denn die religiöse Anarchie, das Reden gegen Religion, der Abfall von ihren Lehren keine Auflehnung gegen die höchste Autorität, gegen Gott? Ist denn das Eigenthum noch sicher vor dem, der keine Religion hat, sobald er die Gewalt in seine Hände bekommt?

Ja, die Widersprüche gewisser Leute und großer Herren sind wahrhaft erstaunlich! Wer die Kirche verhöhnt, die Geistigkeit des Menichen, seine Unsterblichkeit und das Dasein eines Gottes läugnet und so die Fundamente aller Sittengesetze untergräbt, gegen den ist man nicht nur tolerant, sondern er wird oft noch als Classiker und Halbgott verehrt oder zum wenigsten als Universitätsprofessor angestellt. Dieselben Leute schreien aber sofort nach der Intoleranz des Staates und sind selber grausam intolerant, wenn das Eigenthum, die gesellschaftliche Ordnung und ihre Vorrechte angegriffen werden. Ja, ihre Geldsäcke und ihre Stellung im Leben sind ihnen weit heiliger als der Glaube an Gott und an die Unsterblichkeit: Lehren, welche die Kirche auch deshalb so intolerant vertheidigt, weil auf ihnen die ganze staatliche Ordnung schließlich ruht.

Christliche Zuhörer! Ohne Unduldsamkeit (Intoleranz) kann keine öffentliche Gewalt bestehen, weder in Kirche noch Staat. Man sollte es deshalb der Kirche nicht verargen und nicht gegen sie eifern, wenn sie die hohen Wahrheiten Jesu Christi, des Sohnes Gottes, mit eiserner Intoleranz festhält. Denn auf den Grundsätzen des gläubigen Christenthums ruht der Staatenbau der europäischen Völker. Fällt dieses Fundament, der Eckstein Jesus Christus, dann verfällt die christliche Welt Gefahren, welchen alle staatliche Intoleranz nicht mehr zu steuern vermag. Man wird dies wahrscheinlich in nicht zu ferner Zeit erleben. —

Und nun wollen wir noch den üblichen Anklagen gegen die Intoleranz der katholischen Kirche begegnen. Wenn man im gewöhnlichen Leben von der Intoleranz unserer Kirche redet, so wissen die sogenannten Gebildeten unter Ingrimm und Entrüstung allerlei zu erzählen von Scheiterhaufen, Inquisition, Kerker, Foltern, Verbannungen, die von der Intoleranz in Anspruch genommen worden seien und welche gewiß hinlänglich bewiesen, wie verdammenswerth die religiöse Unduldsamkeit sei. Und in der That, man wird damit in keiner Zeit leichter Entrüstung über die Intoleranz hervorrufen können, als in der unsrigen, in welcher Humanität und Toleranz so weit getrieben werden, daß man sich eifrigst bestrebt, die Gefängnisse in Erholungsanstalten umzuwandeln, um die größten Verbrecher, statt sie mit dem Tode zu bestrafen, würdig aufheben zu können.

Als man den berühmten Römer Cato in seinem 85. Lebensjahre wegen eines Vergehens aus seiner Jugendzeit anklagte, da sprach er:

„Es ist schwer, sich zu rechtfertigen vor Menschen, die damals nicht gelebt haben." Ein vortreffliches Wort! Wir im Zeitalter der übertriebenen Humanität können nicht mit Billigkeit urtheilen über Zeiten, die in dem Punkte andere Anschauungen hatten. Die frühern Jahrhunderte waren „inhumaner", d. h. man strafte Vergehen und Verbrechen in weit schärferer Art als jetzt. Ein kleiner Diebstahl wurde mit dem Galgen bestraft, heute mit drei Tagen Gefängniß, und so durchweg.

Jede Zeit hat ihren eigenen Geist, ihr eigenes Verfahren, mit dem sie das Gute fördern und das Böse unterdrücken will. Uns sträuben sich die Haare, wenn wir an die Folter denken in einer Zeit, wo der brävste Mann dem bösesten Buben ungestraft keine Ohrfeige mehr geben darf. In jenen vergangenen Jahrhunderten, wo man mit Feuer und Schwert in allen Ländern Europas religiöse Fragen entschied, war die Verbrennung eines Menschen, der sich gegen die herrschende Religion auflehnte, so natürlich und erschien so ordnungsgemäß als uns heute die Verhaftung eines Diebes.

Wir, die wir in einer Gesellschaft leben, in der das religiöse Bewußtsein so schwach geworden ist, daß man Menschen ohne jede Religion so hoch taxirt, oft noch höher als solche mit bestimmter Religion, wir begreifen natürlich nicht, wie man in frühern Zeiten um der Religion willen sich so bekämpfen und Vergehen gegen sie so scharf ahnden konnte, schärfer als ein „Majestätsverbrechen". Wir dürfen aber nicht vergessen, daß das Strafrecht damals wie heute nicht die Kirche, sondern der Staat ausübte. Und der Staat war im Mittelalter weit klüger als unser moderner Staat. Er sah in den Irrlehren auf religiösem Gebiet auch eine große Gefahr für die staatliche Ordnung, und dies mit vollstem Recht und mit anerkennenswertester Logik und Vernunft.

Jede religiöse Irrlehre, jede Abweichung von der Religion der christlichen Gesellschaft, die Kirche und Staat ausmachen, hatte in jener Zeit einen doppelten Charakter: sie war einmal antikirchlich und antireligiös, sie ging gegen die bestehende Kirche und die bestehende Religion. In dieser Eigenschaft hat die Intoleranz der Kirche sie verdammt und mußte sie verdammen. Aber diese Verdammung zog keine zeitliche Strafe nach sich von seiten der Kirche, wohl aber von seiten des Staates, dem die Irrlehre in ihrem zweiten Charakter als antisocial, als Gefahr für die Gesellschaft verfiel.

Die bürgerliche Gewalt unterdrückte sie deshalb, wie sie heute die Socialisten zu unterdrücken sucht, und die Kirche billigte diese Unterdrückung und wird sie zu allen Zeiten billigen, wenn dieselbe im Interesse der öffentlichen Gesellschaft geboten erscheint. Der Staat bekämpfte die „Ketzerei" als ein Verbrechen gegen die Nation, und er that dies nach seiner damaligen Art zu strafen. Er strafte sie mit den härtesten Strafen, weil sie sich an dem vergriff, was der damaligen Gesellschaft am höchsten stand — an der Religion, an der Autorität Gottes; denn mit dieser Autorität sinkt das erkannte die frühere Staatsgewalt wohl, auch sie selbst. Schon Leibniz sagt darum: „Von der Toleranz sind diejenigen auszunehmen, welche verbrecherische Lehren vortragen und zu Verbrechen reizen."

Bei uns wird so viel über die Verbrennung des Johannes Hus geredet. Man vergißt aber, daß die Lehre dieses Mannes die blutigsten Kriege, die schrecklichsten sittlichen Ausschweifungen, die Vernichtung des Wohlstandes und der Gesittung Böhmens und eine theilweise Verheerung Deutschlands zur Folge hatte. Nachdem Hus sich geweigert hatte, seine Lehre zu widerrufen, wurde er der weltlichen Gewalt überliefert, und die strafte ihn, wie es damals üblich war für solche Vergehen. Der Protestant und Historiker Zöllner sagt: „Das Einschreiten gegen die Lehre des Hus war ein Act der Nothwehr von seiten der kirchlichen und staatlichen Gewalten."

So kamen die Scheiterhaufen, die Folter und die Inquisition auf. Aber die Kirche hat den weltlichen Arm, der sie ausübte, mehr gehemmt als angetrieben und immer die Sache der Gnade und Humanität vertreten. Gerade bei dem so viel geschmähten spanischen Glaubensgericht (Inquisition) hat sie dies am meisten gezeigt. Die von der staatlichen Inquisition Gefährdeten flohen zahlreich nach Rom, suchten und erhielten dort allermeist Begnadigung und damit Befreiung von der Inquisition in der Heimat, in die sie dann furchtlos wieder zurückkehrten.

„Die Geschichte der Inquisition", sagt der protestantische Geschichtschreiber Menzel, „ist von Streitigkeiten erfüllt, welche über diesen Gegenstand zwischen den Königen und den Päpsten stattfanden. Und wenn man den Geist betrachtet, welcher alle die Inquisition betreffenden päpstlichen Instructionen beseelt, wenn man die offenbare Neigung der Päpste beachtet, sich auf die Seite der Milde zu stellen ... dann ist man wohl versucht, zu glauben, daß, wenn die Päpste sich nicht gefürchtet hätten, die Könige gar zu sehr aufzubringen und verderbliche Spaltungen hervorzurufen, ihre Maßregeln noch weiter gegangen wären."

Warum hatten aber Spaniens Könige die Inquisition eingeführt? Weil ihr Land, kaum von dem Todeskampf mit den Mohammedanern (Mauren) befreit, durch Irrlehren in der christlichen Religion aufs neue in namenlose Verwirrung und Zerspaltung gekommen wäre. Es blieb davon verschont und stand in jener Zeit, wie selbst Voltaire gesteht, in jeder Hinsicht hoch über den andern Nationen. Philipp II. hat seine Länder Italien, Spanien und die Niederlande durch die Inquisition vor dem Bürgerkrieg bewahrt, während in Deutschland und Frankreich blutige Religionskriege sich abspielten.

Christliche Zuhörer! Es wäre auch in unserer Zeit im socialen Interesse und damit in dem der Staaten selbst gelegen, wenn die Regierungen unserer Tage nicht so „tolerant" zusähen und zuhörten, wie Religion und Kirche öffentlich herabgewürdigt und geschmäht werden, sogar auf Lehrstühlen, die der Staat errichtet hat und unterhält. Leider aber genießen, wie schon einmal angedeutet, diejenigen, welche dies thun, fast volle Toleranz. Diese Toleranz wird sich früher oder später rächen, und die Folgen werden dann zeigen, daß die Staatsmänner vergangener Jahrhunderte größere Politiker waren als die jetzigen. —

Endlich dürfen wir nicht vergessen, daß die Scheiterhaufen der Intoleranz nicht bloß am Ebro, sondern auch an der Themse, am Neckar[1] und an der Rhone brannten, somit nicht bloß in katholischen Ländern, sondern auch in protestantischen mit allem Apparat des pein-

---

[1] In Heidelberg wurde 1572 der reformirte Pfarrer Sylvan von Labenburg von den Lutheranern hingerichtet, und in Nürnberg wurden von 1577—1617 mehr als 300 Personen wegen Ketzerei und Zauberei zum Tode befördert.

lichen Gerichtsverfahrens, und daß der Protestantismus in den Staaten, wo er herrschende Religion war, noch intoleranter verfuhr als die katholischen Könige Frankreichs und Spaniens. Welches Schicksal haben ehedem die Katholiken in Dänemark, in Schweden, in England, in Schottland, in Irland gehabt, wo die Todesstrafe auf „Katholischsein" gesetzt war und zahlreich vollzogen wurde!? Wie viele — ich könnte eine schöne Zahl aufzählen — hat der Calvinismus verbrannt, verbannt, gefoltert, hingerichtet!

Aber die schauerliche Bartholomäusnacht unter dem katholischen Könige Karl IX., die Bluthochzeit von Paris? Man vergißt dabei, daß, wie ein protestantischer Schriftsteller (Fitz-William) selbst zugesteht, die Katholiken in der Nothwehr waren „gegen den rachgierigen, unduldsamen, verfolgungssüchtigen Geist der Protestanten, die bereit standen, Religion und Verfassung umzustürzen, zwei Staatsverschwörungen, fünf Bürgerkriege hervorgerufen, Kirchen und Klöster geplündert und verbrannt, Priester und Ordensleute erwürgt, Gläubige bei den Processionen niedergemacht hatten". Und der bekannte protestantische Professor Gervinus meint, daß „die protestantischen Großen in Frankreich durch Gefährdung der Staatseinheit das Königthum zu einem Kampfe der Selbsterhaltung gezwungen hätten".

Und endlich, wie „intolerant" haben sich die großen Reformatoren Luther und Calvin ausgesprochen! Ich will, um den Schein der Gehässigkeit zu vermeiden, nicht die heftigsten Ausdrücke der Intoleranz aus Luthers Buch „Das Papstthum vom Teufel gestiftet" anführen, auch nicht seine Rathschläge, wie man mit den Römischen umgehen soll. Aber die folgenden Worte von ihm wollen wir doch hören: „Es gibt keinen Engel im Himmel und noch weniger einen Menschen auf Erden, der vermöchte, meine Lehre zu richten. Wer dieselbe nicht annimmt, kann nicht gerettet werden, und wer etwas anderes glaubt als ich, ist zur Hölle bestimmt. Geschieht es nicht vor der Welt, so muß es im Tode geschehen, damit ich dastehe und alles verdamme, was wider mich ist. . . . Dem Evangelium, das ich predige, müssen weichen und sich unterwerfen der Papst und die Bischöfe, die Prediger und die Mönche, die Könige und die Fürsten und alles, was nicht Christus ist."

Von Calvin sagt Rousseau: „Wer war gebieterischer, absprechender und unfehlbarer als Calvin, der den geringsten Widerspruch, welchen man ihm zu machen wagte, als ein Werk ansah, das des Teufels würdig wäre und die Feuerstrafe verdiene! Sogar der ‚milde' Reformator Melanchthon verlangte den Scharfrichter gegen Ketzer und billigte die Verbrennung des protestantischen Arztes Servet zu Genf bei lebendigem Leibe."

Und jenen furchtbar intoleranten Satz, „daß, wem das Land gehöre, der auch über die Religion zu bestimmen habe", hat die katholische Kirche nicht erfunden, er entsprang dem Boden der Reformation.

Noch interessanter ist aber die Thatsache, daß man gerade gegen die Kirche, deren Intoleranz man so beschimpft, am allerintolerantesten ist. Die katholische Kirche kann durch ihre ganze Geschichte seit bald zwei Jahrtausenden zum Beweise ihrer Echtheit an sich das Wort des Heilandes bewahrheitet zeigen: „Die Welt hat mich gehaßt, sie wird auch euch hassen." Der Haß der Welt ruhte auf ihr zu allen Zeiten, und wenn sie von der Gnade der Welt abhinge, müßte sie ohne Gnade sterben. Was hat, um nur aus unserer Zeit ein Beispiel zu bringen, diese Kirche nicht alles geduldet in den zehn Jahren des deutschen Culturkampfes! Es liegt noch zu klar vor aller Augen, ich will deshalb nicht näher darauf eingehen. Und bis zur Stunde wirkt man, besonders in den Ländern der Reformation, ihr und ihrem Einfluß entgegen, wo man kann. Sie ist dabei immer das Lämmlein, das alle Wasser getrübt haben muß. Und wenn die Katholiken sich dagegen wehren und sich nicht von gewissen Leuten wie Sklaven behandeln lassen, so sind sie „die Staatsgefährlichen" und „die innern Feinde".

Ja, wer unbefangen und vorurtheilsfrei sieht, wie es gemacht wird in unsern Tagen in unserem engern und weitern Vaterland, der wird an das Wort des Dichters erinnert:

> Intoleranz, die grause Maid,
> Sie kommt her von den falschen Göttern.

Die katholische Kirche aber wird unentwegt ihr von Christus übertommenes Amt weiter ausüben, unbeirrt durch das Geschrei, sie sei intolerant. Jeder Schimpf und jede Verfolgung, die sie erduldet, weil sie nichts vergibt von dem, was Christus ihr zu lehren befohlen hat, ist ihre Ehre und ihr Triumph. Die Wahrheiten Jesu Christi durch die Stürme der Zeiten und durch die Meinungen der Menschen hindurch zu retten, ist ihre Aufgabe, und dieser Aufgabe konnte und kann sie treu bleiben nur durch ihre Intoleranz.

Sie kann ihre Glaubensartikel zählen nach den Empörungen und Beschimpfungen ihrer abtrünnigen Kinder, und ihre meisten Wunden hat sie empfangen und empfängt sie heute noch wegen ihrer Standhaftigkeit, mit der sie die Sache Jesu Christi in der Welt vertheidigt hat und noch vertheidigt. Und dies ist ihr höchster Ruhm!

Sie predigt mit ihrer Intoleranz nicht Haß und nicht Unfrieden, sie predigt Duldung und Liebe in allem, was nicht absolut nothwendig ist. Sie verdammt, wie wir in unserem nächsten Vortrag sehen werden, keinen Menschen, aber sie verlangt und muß verlangen, daß jeder in Sachen des Heiles nach Wahrheit strebe und nach der erkannten Wahrheit lebe und handle. Amen.

IV.

Wir kommen nun auf die Toleranz der Kirche zu sprechen und fragen zunächst: Was verstehen wir unter Toleranz, unter Duldung? Sie ist die Nachsicht, die wir üben gegen Uebelstände, Irrthümer, Mißbräuche, Fehler, welche man aus irgend einem Grunde nicht bekämpfen will oder nicht bekämpfen kann. Man duldet sie, weil man sie als Uebel ansieht, die zunächst nicht zu ändern sind. Aber es ist mit der Idee der Duldung stets die Idee des Bösen, des Uebels verbunden. Man wird nie sagen: „die Wahrheit dulden", „die Tugend dulden", „das Gute dulden".

Fragen wir nun einmal: Wer hat uns gelehrt, Nachsicht zu üben gegen die Irrthümer, die Fehler, die wir an andern Menschen sehen? Antwort: Das Christenthum, oder genauer, die Kirche, welche das Christenthum in die Welt eingeführt hat und es predigt bis zur Stunde. Sie hat uns jene Liebe gelehrt, welche uns Mitleid einflößt mit den Fehlern und Verirrungen unserer Mitmenschen und uns nicht erlaubt, irgend einem derselben die Hoffnung auf die Seligkeit abzusprechen, solange er hienieden lebt.

Die Kirche lehrt uns ferner jene Demuth, die eine weitere Quelle der Duldung ist, jene Demuth, welche uns eine tiefe Erkenntniß unserer eigenen Schwachheit verleiht und uns keinen Augenblick vergessen läßt, daß wir vielleicht mehr als andere der Nachsicht bedürfen und darum niemand verurtheilen sollen.

Die katholische Kirche stellt uns nach der Lehre ihres göttlichen Stifters Gott dar als den Vater aller Menschen. Alle Menschen sind Kinder eines Vaters, der im Himmel ist. Sie verkündet ihn als einen Vater, der nicht bloß den Gerechten seine Sonne und seinen

Regen gibt, sondern auch den Ungerechten; als einen Vater, dessen Haupteigenschaften die Liebe und Barmherzigkeit sind und der ein ganz besonderes Mitleiden hat mit den Gefallenen und Irrenden.

Dies lehrt uns die Kirche von Gott, und es ist dieser Lehre sicher nichts entgegengesetzter als die unsinnige Behauptung, es seien alle diejenigen, welche, sei es freiwillig oder unfreiwillig, außerhalb der katholischen Kirche und des Papstthums stehen, ewig verdammt.

Noch weniger läßt sich dieser Unsinn, den man seit drei Jahrhunderten der katholischen Kirche zuschiebt, vereinigen mit dem Bilde, das uns die Kirche von Jesus Christus gibt, der, wie sie lehrt, gekommen ist, zu suchen und selig zu machen, was verloren war; der die neunundneunzig Schafe in der Wüste zurückläßt, um dem verlorenen nachzugehen; der dem ungerechten Zöllner das Heil verheißt, eine öffentliche Sünderin rechtfertigt, den Samaritan dem rechtgläubigen Juden vorzieht und den Schächer am Kreuze mit ins Paradies nimmt.

Und dieser Lehre Jesu Christi war die Kirche, seine Vertreterin auf Erden, stets getreu, wenn auch nicht in allen ihren Gliedern, so doch in ihren aufrichtigen, echten Bekennern und in ihren Heiligen. Sie hat einen Vincenz von Paul erzeugt, dessen Orden als barmherziger Samaritan durch die Welt geht und ohne Unterschied die Wunden aller Menschen heilen und pflegen will. Sie hat im Mittelalter die oft so hart verfolgten Juden beschützt. Sie betet am Karfreitag, an jenem Tage, da der Sohn Gottes für alle Menschen am Kreuze gestorben ist, für Protestanten, Juden und Heiden, betet, der Herr möge sie alle führen auf den Weg der Wahrheit und sie alle vereinigen mit ihr, der großen, heiligen Mutter.

So widerspricht der Satz von der Verdammung derer, die nicht römisch-katholisch sind, der Idee Gottes und der Idee des Erlösers, welche die Kirche uns von beiden gibt. Er widerspricht aber auch der Lehre und der Anschauung, welche die Kirche von sich selber hat, und widerspricht der Uebung, welche sie beobachtet.

Wenn es wahr wäre, daß die Kirche die Menschen in obigem Sinne verdammte, so bedürfte es, um zu zeigen, daß die römisch-katholische Kirche nicht die wahre Kirche Jesu Christi sei, keines weitern Beweises als diese Verdammung. Nichts wäre geeigneter, ihre Unechtheit darzuthun, da nichts so sehr der Idee des wahren Christenthums widerspricht. Eine solche Verdammung ist weder katholisch noch christlich, und nur unchristlicher Haß gegen die Kirche konnte ihr dieselbe unterschieben.

Gehen wir einmal näher auf die Sache ein, und schauen wir uns zunächst um nach dem, was der göttliche Heiland in dieser Beziehung selber sagt. Die Rechtgläubigen vor Christus waren zweifellos die Juden. Was ruft nun der Herr den Bewohnern der jüdischen Städte Corozain und Bethsaida zu? „Wehe dir, Corozain! Wehe dir, Bethsaida! Denn wenn zu Tyrus und Sidon (heidnische Städte) die Wunder geschehen wären, die bei euch geschehen sind, so würden sie längst in Sack und Asche Buße gethan haben. Allein ich sage euch: Tyrus und Sidon wird es am Tage des Gerichtes erträglicher gehen als euch." Wir sehen aus diesen Worten, daß die Rechtgläubigkeit nichts nützt, wenn es am guten Willen fehlt, und daß das Heidenthum an sich nicht zur Verdammung gereicht.

Das Gleiche ergibt sich aus den Worten des Heilandes über den Glauben des heidnischen Hauptmannes: „Wahrlich, sage ich euch, solch großen Glauben habe ich in Israel nicht gefunden. Aber ich sage euch, daß viele vom Aufgang und Niedergang kommen und mit Abraham, Isaak und Jakob im Himmelreiche zu Tische sitzen werden; die Kinder des Reiches aber werden in die äußerste Finsterniß hinausgeworfen werden."

Hören wir einen Apostel. Der heilige Paulus schreibt im zweiten Kapitel seines Römerbriefes: „Gott wird jedem vergelten nach seinen Werken: denen, die mit Beharrlichkeit in guten Werken Ruhm, Ehre und Unsterblichkeit suchen, mit dem ewigen Leben; denen aber, die zanksüchtig sind, die der Wahrheit keine Folge leisten und der Bosheit Gehör geben, mit Zorn und Ungnade. Trübsal und Angst steht jeder Menschenseele bevor, die Böses thut, dem Juden (der mehr Licht empfangen) zuerst und dann dem Heiden."

„Ruhm aber, Ehre und Friede jedem, der Gutes thut; dem Juden zuerst, aber auch dem Heiden. Denn bei Gott gilt kein Ansehen der Person. Denn diejenigen, die ohne das Gesetz (ohne Offenbarung, ohne geoffenbartes Gesetz) gesündigt haben, werden ohne das Gesetz zu Grunde gehen. Die unter dem Gesetze gesündigt haben, werden durch das Geſetz verurtheilt werden. Denn vor Gott ſind nicht diejenigen gerecht, welche das Geſetz hören, ſondern die es thun, werden für gerecht gehalten. Die Völker, die das Geſetz nicht haben, thun aus natürlichem Triebe, was im Geſetze enthalten iſt. Sie ſind ſich ſelbſt das Geſetz. . . . Sie zeigen, daß ihnen der Inhalt des Geſetzes in ihr Herz geſchrieben iſt. Ihr Gewiſſen gibt ihnen Zeugniß davon, und ihre Gedanken klagen einander an oder ſprechen ſich los. Wenn du nun ein Jude (d. h. ein Rechtgläubiger) biſt, dich auf dein Geſetz (deinen rechten Glauben) verlaſſeſt und dich deines Gottes rühmeſt, aber ſeinen Willen nicht thuſt, ſo entehrſt du Gott. . . . Erfüllt aber ein Heide die Gebote des Geſetzes, ſo wird er für einen Beſchnittenen (Rechtgläubigen) gehalten, obſchon er nicht in die Beſchneidung aufgenommen iſt."

Was ſagt hier der Apoſtel? Nicht derjenige, welcher den wahren Glauben hat, wird durch dieſen allein ſelig. Wenn er die Gebote Gottes übertritt, wird er verdammt werden; derjenige aber, der nichts von der wahren Offenbarung gehört, aber nach beſtem Wiſſen und Gewiſſen das Gute gethan hat, wird ſelig werden.

Hören wir die Kirchenväter. Clemens von Alexandrien (geſt. 215 n. Chr.) ſchreibt: „Wer wird jemals denken — es ſei denn, daß er den Verſtand verloren hätte —, daß die Seelen der Gerechten und der Sünder ſämtlich verdammt würden? Wäre das nicht ein Schimpf auf die Gerechtigkeit Gottes? Seinen Rathſchlüſſen gemäß iſt es, daß diejenigen, welche in Gerechtigkeit gelebt oder, nachdem ſie ſich verirrt, ihre Fehler bereut haben, auch wenn ſie außer der Kirche waren, dennoch unſtreitig zur Zahl derer zu rechnen ſind, die Gott dem Allmächtigen angehören, daß ſie alſo gerettet ſind durch die Erkenntniß, die jeder von ihnen beſaß. Der Gerechte unterſcheidet ſich nicht von dem Gerechten, mag er Grieche (Heide) ſein oder Jude. Denn Gott iſt nicht bloß der Herr der Juden, ſondern aller Menſchen, obwohl er als Vater denen näher ſteht, die ihn beſſer kennen. Wenn ‚nach Recht und Gewiſſen leben‘ daſſelbe iſt, wie ‚nach dem Geſetze leben‘, ſo müſſen diejenigen, welche rechtlich und gut gelebt haben, ehe das chriſtliche Geſetz war, als Kinder des Glaubens angeſehen und für Gerechte gehalten werden."

Das Gleiche sagt auch der heilige Augustin, der größte und geistreichste Kirchenvater des Abendlandes: „Alle diejenigen, die ihre falsche und verkehrte Meinung (in Glaubenssachen) nicht mit Hartnäckigkeit und Leidenschaft vertheidigen, zumal wenn sie dieselbe nicht aus eigener Verwegenheit und Anmaßung geschöpft, sondern von ihren irregeleiteten Eltern empfangen haben, übrigens mit Sorgfalt und Eifer die Wahrheit suchen und, falls sie dieselbe finden, bereit sind, sich zu bessern: alle die sind durchaus nicht zu den Häretikern zu zählen."

Der heilige Chrysostomus rief seiner Gemeinde von der Kanzel aus zu: „Die ketzerischen Lehren müssen wir verwerfen und widerlegen, die Menschen aber lieben und für ihr Heil beten. Möchten wir doch alle, von Liebe zu Gott und den Mitmenschen entflammt, mit Barmherzigkeit wie mit leuchtenden Lampen am Tage der Auferstehung dem himmlischen Bräutigam entgegeneilen, indem wir ihm recht viele darbringen, die durch unsere Barmherzigkeit gerettet worden sind!"

Und der Kirchenschriftsteller Salvian (gestorben 480) sagt von den nicht rechtgläubigen Völkern der Goten und Vandalen: „Die Wahrheit ist auf unserer (der römisch-katholischen) Seite; sie meinen aber, dieselbe sei bei ihnen. Darin irren sie mit gutem Glauben. Werden sie nun für ihren Irrthum am Tage des Gerichtes gestraft werden? Keiner kann es wissen als Gott allein, der oberste Richter."

Man könnte vielleicht einwenden, diese Aussprüche hätten in der katholischen Kirche früher gegolten, in den ersten Jahrhunderten, als das Heidenthum noch mächtig und die Kirche noch in ihren Anfängen war. Es ist allerdings sicher, daß die Kirche den heidnischen Völkern, die im guten Glauben ihren religiösen Ueberlieferungen ergeben waren, nicht sofort mit dem Grundsatze entgegentrat: „Außer der Kirche kein Heil", sowenig als dies die heutigen Missionäre unter den Heiden thun. Als aber das Christenthum Weltreligion geworden war, konnte und mußte es, wenn die christliche Religion die allein wahre ist, eine andere, strengere und exactere Sprache führen. Und das hat die Kirche auch gethan und vernünftigerweise thun müssen. Wie wenig aber die heutige Lehre der Kirche vom ausschließlichen Heile in ihr und durch sie den Grundsätzen der Väter und Kirchen-

Schriftsteller der ersten Jahrhunderte widerspricht, das soll uns ein ganz competenter Mann unserer Zeit sagen — Papst Pius IX.

Er spricht in einer Allocution vom 9. December 1854 also: „Weit entfernt, es zu wagen, der göttlichen Barmherzigkeit, welche unendlich ist, Schranken zu setzen; weit entfernt, die Geheimnisse und Rathschlüsse Gottes, die kein menschliches Denken zu ergründen vermag, erforschen zu wollen: müssen wir doch als Glaubenssatz festhalten, daß außerhalb der apostolischen, römischen Kirche niemand selig werden könne, daß sie die einzige Arche des Heiles sei, und daß, wer sie nicht betritt, umkomme in der Sündfluth. Aber dennoch müssen wir ebenso für sicher annehmen, daß diejenigen, welche in unverschuldeter Unkenntniß der wahren Religion leben, deshalb vor Gottes Augen keine Schuld treffe. Wer aber wird sich anmaßen, die Grenzen dieser Unkenntniß zu ziehen nach der Verschiedenheit und Art der Völker, der Länder, der Geister und so vieler anderer Verhältnisse? Ja, wenn wir einst, befreit von den leiblichen Banden, Gott sehen werden, wie er ist, dann werden wir erkennen, in welch enger und schöner Verbindung die Barmherzigkeit und die Gerechtigkeit Gottes miteinander vereinigt sind. Solange wir aber auf Erden verweilen, beschwert von dieser sterblichen Last, die den Geist hemmt, wollen wir aufs festeste an die katholische Lehre uns halten, daß ein Gott sei, ein Glaube, eine Taufe. Weiter nachzuforschen, ist unrecht."

Einige Jahre später, in einer Allocution an die Cardinäle und die Bischöfe Italiens vom 10. August 1863, kommt Pius IX. nochmals auf den gleichen Gegenstand zu sprechen und äußert: „Den schweren Irrthum, in dem einzelne Katholiken sich befinden, die da glauben, alle Menschen, die vom wahren Glauben und von der katholischen Einheit ferne seien, könnten zum ewigen Leben gelangen, müssen wir tadeln. Es widerstrebt dies der katholischen Lehre durchaus. Es ist euch bekannt, daß diejenigen, welche in unverschuldeter Unkenntniß unserer heiligen Religion leben, aber bereit sind, das natürliche Gesetz und seine Vorschriften, welche Gott in ihr Herz geschrieben, zu beobachten und Gott zu dienen, und ein ehrbares, gerades Leben führen, mit der Gnade das ewige Leben erlangen können, da Gott, der die

Herzen durchschaut, in seiner unermeßlichen Güte und Milde nicht duldet, daß jemand, welcher keine freiwillige Schuld hat, verdammt werde. Aber ebenso gewiß ist es katholische Lehre, daß diejenigen, welche hartnäckig und wissentlich von der Kirche sich getrennt halten, nicht selig werden können. Es sei aber ferne, daß die Kinder der Kirche auf irgend eine Art denjenigen feind seien, welche nicht durch die Bande des Glaubens mit uns geeint sind; sie sollen vielmehr denselben — seien sie arm oder krank oder irgendwie beschwert — mit allen Diensten christlicher Liebe zu helfen sich bemühen und besonders sie von ihren Irrthümern freizumachen suchen."

Was erklärt nun Pius IX. in diesen beiden Allocutionen in Bezug auf unsern Gegenstand? Er sagt: „Die Kirche schließt vom ewigen Heile keinen Menschen aus, der in unverschuldetem Irrthum über die wahre Religion seinem Glauben getreu das Gute gewirkt hat und wirkt." Das ist die Lehre der Kirche.

Der Satz: „Außer der wahren Kirche kein Heil", entspricht zwar der Lehre der katholischen Kirche; allein wir dürfen nicht übersehen, daß dieser Grundsatz ein Strafurtheil, ein Strafgesetz enthält. Jedes Strafgesetz erfordert aber zu seiner Geltung, daß man schuldig sei. Zur Schuld gehören zwei Bedingungen: die Thatsache und die Absicht. Es liegt darum in dem Satze: „Außerhalb der Kirche kein Heil", noch, wie in jedem Strafgesetz, das Wörtlein „freiwillig".

Ja die Kirche ist in ihren Strafbestimmungen noch toleranter als die bürgerliche Gesetzgebung. Bei dieser gilt bekanntlich der Satz: „Ignorantia legis nocet", die Unkenntniß des Gesetzes schadet, d. h. sie bildet keine Entschuldigung, während die Kirche ihre Strafgesetze nur auf den anwendet, welcher mit Wissen und Willen gefehlt hat.

So trifft auch das Strafgesetz: „Außer der Kirche kein Heil", nur diejenigen, welche absichtlich, freiwillig und bewußt außerhalb der Kirche stehen. Wie tolerant die Kirche aber dabei noch verfährt, können wir daraus ersehen, daß, wenn wir sie fragen: „Wer sind diejenigen, welche freiwillig und in böser Absicht außerhalb der Kirche stehen, und wo sind sie?" — sie uns darauf keine Antwort gibt, weil sie es nicht wagt, auch nur einen einzigen bestimmten Menschen als vom ewigen Heile ausgeschlossen zu bezeichnen. Sie wird uns sagen, es sei ihr das unmöglich, da niemand, wie Pius IX. oben sagt, die Tiefen der göttlichen Barmherzigkeit ergründen könne. Kurz gesagt: Die katholische Kirche verdammt keinen Menschen, und wenn er der ungläubigste, der gottloseste und der lasterhafteste der Welt wäre.

Es haben sich theologische Meinungen über einzelne in der Geschichte des Christenthums hervorragend bösartige Menschen gebildet, so daß man von diesem oder jenem derselben sagt, man hofft oder man zweifelt, daß er selig sei. Aber die Kirche als solche wird nie zugeben, daß man auch nur einen Menschen mit Bestimmtheit seines ewigen Heiles für verlustig erklärt. Sie würde jedem, der es wagte, mit dem heiligen Apostel Paulus (im Römerbrief) zurufen: „Wer bist du, der du einen andern Knecht richtest? Seinem Herrn steht oder fällt er. Er wird aber stehen, denn Gott ist mächtig, ihn stehend zu erhalten."

Die katholische Kirche überläßt das Endurtheil über jeden Menschen, wer er auch sei und was immer er geglaubt und gethan habe, dem ewigen, allwissenden Richter. Warum? Weil auch ihr das Wort des Heilandes gilt: „Richtet nicht, damit auch ihr nicht gerichtet werdet", und weil sie zustimmt den Worten eines Jesuiten, des P. Ravignan, der in einer seiner Predigten sagt: „Welches auch immer das Vaterland, die Religion und der Wandel eines Menschen gewesen ist, an der Schwelle der Ewigkeit werden in seiner Seele gewiß erhabene Geheimnisse von Gerechtigkeit oder auch von Erbarmung und Liebe vor sich gehen."

Aber — ruft man mir hier vielleicht zu — die Kirche verflucht, excommunicirt ja jeden Ketzer, jeden Selbstmörder und versagt die kirchlichen Ceremonien beim Begräbniß oft verdienten Männern 2c.! Zunächst bemerke ich, daß der Bannfluch, das Anathem, die Excommunication kein Verdammungsurtheil ist, sondern lediglich den Ausschluß aus der Kirchengemeinschaft bedeutet. Sie ist einfach die Erklärung, daß der Betreffende im Zustande der Anschuldigung ist, bis er Sühne geleistet hat.

Jede ordentliche Gesellschaft auf Erden, mag sie heißen wie und bezwecken was sie will, schließt unwürdige Mitglieder aus; die ältern protestantischen Bekenntnisse übten die Excommunication in diesem Sinne ebenfalls. Die katholische Kirche muß um so strenger darauf bestehen, daß das verletzte Recht gesühnt werde, weil sie kein Jota von dem antasten lassen darf, was der Christus-Gott ihr anvertraut hat, wenn sie seine wahre Kirche sein will.

Sie muß einschreiten im Interesse dessen, der gefehlt hat, und um ihren gläubigen Kindern ein Beispiel zu geben. Ein Vater, eine Mutter züchtigt ihr Kind aus demselben Grunde: einmal um es zu bessern, und dann um die übrigen Kinder abzuschrecken, die Wege des ungehorsamen Kindes zu gehen.

Was würde aus der Religion und aus der Kirche Jesu Christi geworden sein, wenn diese letztere in ihrer Mitte jeden geduldet hätte — mochte er über Glauben und Sitte was immer lehren und behaupten?

Die Kirche versagt sodann den Excommunicirten, die ohne Reue gestorben, den zurechnungsfähigen Selbstmördern und allen jenen, welche im Leben und Sterben bewußt und absichtlich die Uebung und den Trost der Religion von sich gewiesen haben, das Begräbniß, das öffentliche Gebet und das heilige Opfer — nicht, um damit zu sagen, sie seien verdammt, sondern nur, um zu zeigen, daß man ihnen das, was sie im Leben verachtet, im Tode nicht gegen ihren Willen nachwerfe, und um den Ungläubigen von dem Gläubigen zu unterscheiden und dem letztern kein Aergerniß zu geben.

Wo ist — um nur einen naheliegenden Vergleich zu nehmen — der Kriegerverein, welcher ein Mitglied, das wegen grober Verletzung der Statuten ausgeschlossen werden mußte und das den Verein und seine Fahne bis zum letzten Augenblick seines Lebens beschimpfte, noch mit allen Ehren, mit Fahne und Musik, zum Grabe begleitet?

Und entzieht nicht auch der Staat einem, der gegen seine Gesetze gefehlt hat, durch richterliches Urtheil die bürgerlichen Ehrenrechte?

Ueber das ewige Los des nicht kirchlich Beerdigten erlaubt sich die Kirche kein Urtheil und will mit ihrer zeitlichen Strafe auch nichts darüber entscheiden. Sie handelte zu allen Zeiten nach den Worten des heiligen Chrysostomus, wenn er sagt: „Die gottlosen Lehren der Häretiker müssen mit dem Banne bestraft werden; was aber die Personen betrifft, so müssen wir ihrer schonen und für sie beten. Wie kann man vom Banne sagen, daß er denjenigen, der davon getroffen ist, dem Teufel überliefere, daß ein solcher Mensch kein Heil erlangen könne und daß er an Jesus keinen Antheil habe? Wer hat euch dazu berechtigt? Wie kann man sich die Würde des Sohnes Gottes anmaßen, der allein zu Gericht sitzt?"

Und daß die Kirche heute noch so handelt, kann uns ein Convertit, ein bekannter Gelehrter und Staatsmann, Karl Ludwig von Haller, sagen, der von der protestantischen Regierung in Bern aller seiner Staatsämter beraubt wurde, weil er zur katholischen Kirche übergetreten war. Er schrieb 1820 nach seiner Bekehrung an seine damals noch protestantische Familie: „Ihr klagt, daß uns die katholische Kirche verdamme und daß sie behaupte, außer ihrem Schoße sei kein Heil zu hoffen. Ach, meine Freunde, wie wenig kennt ihr die unermeßliche Liebe dieser guten Mutter, von der wir uns so unüberlegt getrennt haben — gewiß mehr zu unserem, als zu ihrem Nachtheil! Sie verdammt nicht eure Personen, sondern eure Irrthümer und die falschen Grundsätze, die man euch beibringt. Sie haßt euch nicht, sie liebt euch, und obschon ihr euch von ihr entfernt habt, nennt sie euch dennoch ihre Brüder.... Täglich am Fuße des Altares betet sie für euch; sie trauert über den Verlust so vieler lieben Kinder, die sie so vieler Heilsmittel beraubt und an falsche Lehrer angewiesen sieht. Alle Secten haben sich gegen sie verschworen, nicht durch einen gemeinsamen Glauben, sondern in einem gemeinsamen Haß. Und gerade daraus erkannte ich, daß sie die wahre sein müsse, weil alle Irrthümer, sie mögen unter sich noch so sehr widersprechen, doch darin übereinstimmen, daß sie die Wahrheit hassen. Die Kirche allein erwidert den Haß mit Liebe, vergilt die Unbilden, die sie empfängt, mit Gutthaten, indem sie jedem Unglücklichen, wessen Glaubens er immer ist, Trost und Hilfe reicht. Wo habt ihr jemals einen wahren Katholiken gesehen, der euch Uebles zugefügt hat? Ich meinerseits habe in meinem Leben nichts als Gutes von ihnen empfangen; unmöglich kann ich jemanden hassen, der mich liebt." —

Wenn aber die Kirche so mild ist, warum stellt sie einen so harten Satz auf wie den: „Außer der Kirche kein Heil"?

Christliche Zuhörer! Die Vermittlung Jesu Christi zum ewigen Leben ist entweder absolut nothwendig oder nicht nothwendig. Dieser Satz ist klar. Wenn nun Jesus Christus, wie er selbst sagt, der einzige Mittler und die Kirche, wie wir früher nachgewiesen, die einzige von ihm beglaubigte Vertreterin seiner Vermittlung zum ewigen Leben, der in der Welt fortlebende und fortwirkende Christus ist, so ist nichts klarer und consequenter, aber auch nichts nothwendiger als der Ruf der Kirche: „Außerhalb der wahren Kirche Jesu Christi kein Heil".

Es ist kein Kleinerer als der große Philosoph und Protestant Kant, welcher die Vernünftigkeit dieses Satzes anerkennt, wenn er schreibt: „Die katholische Kirche spricht in dem Satze: ‚Außer der Kirche ist kein Heil', consequenter als die protestantische, wenn diese sagt, daß man auch als Katholik selig werden könne. Denn wenn das wahr ist, sagt Bossuet, so wählt man ja am sichersten, sich zur katholischen Kirche zu schlagen; denn noch seliger als selig kann doch kein Mensch zu werden verlangen."

So vernünftig der Grundsatz ist, daß es außerhalb der Kirche kein Heil gebe, ebenso gewiß ist es aber auch, daß in allen Religionen das ewige Heil nicht unmöglich ist, wenn man in unbesiegbarer Unkenntniß des Evangeliums oder der wahren Kirche mit gutem Glauben in einer andern Religion als der römisch-katholischen lebt.

Wie diese zwei Wahrheiten von der Ausschließlichkeit des Heiles in der katholischen Kirche und von der Möglichkeit, in jeder Religion selig zu werden, sich vereinigen lassen, hierüber soll uns der nächste Vortrag belehren.

Für diesmal sagen wir: Amen.

V.

Der heilige Augustinus schreibt: „Es ist ein unumstößlicher und fester Glaube, daß Gott, der Gerechte und Gute, das Unmögliche von uns nicht verlangen kann."

Wenn aber Christus der einzige Vermittler des Heiles für alle Menschen ist und unter Umständen jeder Mensch in jeder Religion selig werden kann, so muß eben jeder Mensch — auch wenn er das Evangelium Christi unmöglich kennen kann — in irgend einem Verhältniß zu Jesus Christus stehen. Ueber das „Wie" hat sich die Kirche amtlich nicht ausgesprochen. Sie lehrt bloß, daß jeder Mensch, der alle Pflichten, die ihm bekannt gewesen sind, treu erfüllt und seine Sünden bereut hat, selig werden könne. Wie das geschehe, sagt sie uns nicht. Sie benimmt uns zwar mit dieser Lehre die Unsicherheit, befriedigt jedoch nicht unsere Wißbegierde.

Es haben sich nun bei den Gottesgelehrten zwei im folgenden zu besprechende Meinungen gebildet. Die eine dieser Meinungen sagt: „Jeder Mensch, der guten Willens Gott dient, soweit er ihn kennt, ist in die Vermittlung Jesu Christi inbegriffen." Suchen wir dies zu erklären.

Jesus Christus ist für alle Menschen ohne Ausnahme und ohne irgend eine Beschränkung auf Raum und Zeit gestorben. Er ist der gleich nach dem Sündenfalle verheißene Vermittler, dessen versöhnende Kraft somit hinaufreicht bis zu den ersten Menschen. Daher das Wort des heiligen Johannes: „Von Anbeginn der Welt ist das Lamm geschlachtet worden", und der Ausspruch des alten Kirchenschriftstellers Origenes: „Mochte auch der Altar dieses Schlachtopfers nur auf Calvaria stehen, sein Blut hat doch die ganze Welt gewaschen."

Wie aber konnten alle Menschen mit Christus in Verbindung treten? Wie Glieder seiner Kirche werden?

Was ist die Kirche? Die Kirche ist, wie wir gesehen haben, Christus, wie er den Menschen geoffenbart und geprebigt wurde und geprebigt wird. Und wer gehört zur Kirche? Wer diesen so geoffenbarten und geprebigten Christus in sich aufnimmt.

Und nun fragen wir: Wer ist Christus? Der heilige Johannes sagt es uns: "Im Anfang war das Wort, und das Wort war bei Gott, und Gott war das Wort — und das Wort ist Fleisch geworden und hat unter uns gewohnt."

Jesus Christus ist das zu allen Zeiten hörbare Wort, d. i. der sich zu allen Zeiten offenbarende Gott, der zu allen Menschen redende Gott. Er ist jene Person in der Gottheit, deren Offenbarung "in unsere Herzen geschrieben ist und in unserem Gewissen Zeugniß gibt", wie der heilige Apostel Paulus sagt; er ist jene Vernunft (das griechische Wort λόγος bedeutet Wort und Vernunft, und mit dem Namen λόγος bezeichnen die griechischen Kirchenväter einfach die zweite Person in der Gottheit), die, wie Cicero, der Heide, sagt, "uns an die Erfüllung der Pflichten mahnt und von der Uebertretung abschreckt".

Jesus Christus hat also zu allen Zeiten und zu allen Menschen geredet durch die Vernunft und durch das Gewissen. Er ist "das Licht, das jeden Menschen erleuchtet, der in die Welt kommt". Das natürliche Sittengesetz im Menschen ist durch ihn uns vermittelt. Das christliche Gesetz weicht von demselben nicht ab, es ist nur vollkommener. Darum sagt schon sehr treffend der heilige Augustinus: "Die nämliche Sache, die man jetzt christliche Religion nennt, war auch schon bei den Alten (Heiden) und hat seit dem Ursprung des Menschengeschlechtes niemals aufgehört, da zu sein, bis Christus selbst im Fleische kommen würde. Von da an hat man diese Religion, die schon immer gewesen war, die christliche genannt."

Und lange vor Augustinus hat der Philosoph Justin, der Martyrer, dessen Leben noch fast in die apostolische Zeit fällt, das Gleiche deutlicher in seiner Schutzschrift an den Kaiser Antoninus Pius mit den Worten ausgesprochen: "Unsere Feinde möchten vielleicht sagen: Weil Christus erst vor hundert Jahren unter Quirinus geboren ist und unter Pilatus erst angefangen hat, seine Lehren vorzutragen, so sind alle Sterblichen ohne Ausnahme, welche vor jener Zeit lebten, ohne

Schuld und Strafe. Um dem vorzubeugen, will ich sogleich schon die Antwort geben: Die Religion lehrt uns, daß Christus der eingeborene Sohn Gottes sei, aber auch, daß er die Vernunft sei, deren das ganze Menschengeschlecht theilhaftig ist. Alle diejenigen nun, welche dieser Vernunft gemäß lebten, sind Christen, obschon man sie beschuldigte, daß sie Atheisten seien und keinen Gott verehrten. So waren unter den Griechen in diesem Sinne Christen: Sokrates, Plato, Heraklit und ähnliche; unter den Juden: Abraham, Moses, Ananias, Azarias, Misael, Elias und andere, deren Thaten und Namen ich hier nicht erzähle, weil es uns zu weit führen würde. Aber diejenigen unter den Alten, welche der Vernunft zuwider lebten, sind Feinde Christi und Verfolger derer gewesen, welche der Vernunft gemäß ihr Leben führten. Darum, wer immer (in unbesiegbarer Unkenntniß des evangelischen Gesetzes) nach der Vernunft gelebt hat und noch lebt, ist ein Christ und kann außer Furcht und Sorge sein."

Noch interessanter spricht sich der Kirchenvater Clemens von Alexandrien aus. Er macht zu den Worten des heiligen Apostels Paulus: „Erkennet also einen alleinigen Gott, den Schöpfer aller Dinge, den Unsichtbaren, Unermeßlichen, Ewigen, und betet ihn an, nicht wie die Griechen, noch auch wie die Juden, sondern bringet Gott einen neuen Dienst durch Jesus Christus" — die geistreiche Bemerkung, daß der Gegenstand der Anbetung bei den Heiden, bei den Juden und bei den Christen der gleiche und nur der Dienst verschieden sei. Der Apostel sage nicht, den Gott, den die Heiden und Juden anbeten, sollt ihr nicht anbeten; er sage: Betet ihn an, aber nicht wie die Heiden, auch nicht wie die Juden. „Gott", so meint der heilige Clemens weiter, „hat mit den Menschen gewissermaßen drei Bündnisse geschlossen: eines mit den Heiden, ein anderes mit den Juden und das dritte mit den Christen, und er ist von den einen und den andern nach ihren Kenntnissen geehrt worden. Den Heiden hat er sich mitgetheilt durch das natürliche Gesetz, geschrieben ins Gewissen; den Juden durch das geschriebene Gesetz, und aus Juden und Heiden hat er dann die christliche Kirche zusammengesetzt. So sind alle drei Bündnisse in der Kirche zu einem einzigen großen Bunde vereinigt; alle drei gründeten sich auf das göttliche Wort, das überall das nämliche ist, mag es in natürlicher

Weise zum Gewissen sprechen oder durch das geschriebene Gesetz sich kundgeben oder endlich sich in unsere Natur kleiden und in Jesus Christus und in der Kirche verkörpern, um mit unserem Elend auf gleicher Stufe zu stehen und sich uns ganz hinzugeben."

Und der heilige Chrysostomus fragt in einer seiner Predigten, nachdem er dargethan hat, daß es nothwendig sei, Jesus Christus zu bekennen: „Ist Gott also ungerecht gegen diejenigen, welche vor der Ankunft Christi gelebt haben? Nein; denn diese konnten ihr Heil finden, ohne Christus ausdrücklich zu bekennen. Ein solches Bekenntniß wurde von ihnen nicht verlangt, sondern nur die Kenntniß des wahren Gottes und die Enthaltung vom Götzendienste. Darum war es damals zum Heile hinreichend, Gott zu erkennen. Jetzt muß man auch Jesus Christus bekennen. . . . Kurz, alle diejenigen vor Christus, welche den wahren Gott anbeteten und ein heiliges Leben führten, haben sich des höchsten Gutes zu erfreuen."

Der heilige Thomas von Aquin aber meint: „Wenn ein Wilder, der, in den Wäldern geboren und geblieben, niemals von Christus und der Taufe reden hörte, in dem Augenblick, wo seine Vernunft erwacht, sich einem sittlich guten Zustande zuwendet, so gibt ihm Gott die Gnade, und die Erbsünde ist getilgt. Wenn er in der Gnade nicht verharrt, so bleibt ihm die Reue übrig, so daß dieser arme Wilde, der auf der letzten Stufe der menschlichen Wesen steht, nicht verdammt werden wird, außer durch seine Schuld."

Wir sehen aus diesen Stellen, wie vernünftig und folgerichtig so die ganze Anschauung über das Verhältniß Jesu Christi, des Wortes Gottes, zu allen Menschen zu allen Zeiten wird.

Man könnte nun, diese Anschauung als klar und einleuchtend anerkannt, sagen: „Auf diese Weise ist ja der Heide mit seinem einfachen, natürlichen Gesetze weit besser daran als der Christ, dem eine Summe von Glaubensartikeln, Geheimnissen, Pflichten und Uebungen zugemuthet wird. Der Heide, der seinem Gewissen und seiner Vernunft gemäß lebt, steht gleichsam in der Kirche; der Christ aber, wenn er das Gleiche thut, außerhalb derselben." Was ist hierauf zu sagen?

Christliche Zuhörer! Was heißt seiner Vernunft gemäß leben und Gott dienen? Es heißt, Gott dienen in dem Maße der Erkenntniß

Gottes und der aus dieser Erkenntniß hervorgehenden Pflichten. Mit Wissen und Willen auch nur eine Stufe unter dieser Erkenntniß bleiben, heißt das Gesetz der Vernunft nicht mehr befolgen. Mit der Erkenntniß der Wahrheit wächst also auch die Pflicht des Gehorsams gegen dieselbe. Da nun die Erkenntniß des Christen entwickelter ist als die des Heiden, so hat der erstere auch größere, erweiterte Pflichten. Und darum steht ein Heide, der alle Wahrheit, die er kennt, ausübt, höher als ein Christ, der die höhere Wahrheit erkennt, aber ihr gar nicht oder nicht ganz folgt.

Nehmen wir z. B. einen Heiden, zu dem noch keine Spur des Evangeliums gekommen ist. Er lebt nach dem natürlichen Gesetze seines Gewissens, rechtschaffen und gut. Er gehört zweifellos zur Kirche Jesu Christi und ist seines Heiles gewiß. Es kommt nun in seine Einöde ein Missionär und verkündet ihm das Evangelium. Der Heide erfaßt diese höhere Wahrheit und folgt ihr einige Zeit mit Eifer und Treue. Auf einmal will er aber lieber zum alten Glauben, zu seiner Naturreligion zurückkehren und verabsäumt die erkannten christlichen Pflichten. Von dem Augenblicke an steht er außerhalb der Kirche und seines Heiles, auch wenn er gerade so rechtschaffen wie früher lebt. Er steht freiwillig außerhalb der erkannten Wahrheit.

Nehmen wir ein anderes Beispiel. Ein Protestant lebt treu dem ihm durch Geburt und Erziehung zugekommenen Glauben; er weiß nicht, daß die katholische Kirche die wahre ist, und kann es auch nicht wissen. Er gehört Christus an und darf seines ewigen Heiles sicher sein. Da fällt ihm ein Buch in die Hand über die katholische Kirche. Er liest, denkt, forscht, betet und kommt zur Erkenntniß, daß die katholische Kirche die von Christus gestiftete sei. Folgt er nun dieser Erkenntniß nicht, so steht er außerhalb Christi und seiner Kirche, und das Band, das ihn mit seinem Heiland verbunden, ist gelöst. Er hat der erkannten Wahrheit nicht Folge geleistet.

Das Christenthum hat also größere Erkenntniß und größere Erleuchtung, aber auch schwerere Pflichten gebracht. Hat es somit nicht die Gefahr, das Heil zu verlieren, vergrößert?

Was sagen wir dazu?

Christliche Zuhörer! Was hat der Greis Simeon von Christus, dem Licht zur Erleuchtung der Heiden, gesagt? „Dieser ist gesetzt zur Auferstehung und zum Falle für viele." Und der Heiland selbst sprach: „Wenn ich nicht gekommen wäre, so hätten sie keine Sünde; nun aber haben sie keine Entschuldigung für ihre Sünde. Wenn ich nicht die Werke unter ihnen gethan hätte, die kein anderer gethan hat, so hätten sie keine Sünde; nun aber haben sie dieselben gesehen und hassen doch mich und meinen Vater."

Die Liebe und die Barmherzigkeit Gottes haben sich in der Menschwerdung des Sohnes Gottes so sehr geoffenbart, und die Wahrheiten, welche Christus der Menschheit, die vor ihm „in Finsternissen und in Todesschatten wandelte", gebracht hat, sind so trostreiche und so beseligende; die Kraft und Stärke, welche seine Gnade unserer schwachen, sündigen Natur verleiht, ist eine so unermeßliche, und die Umgestaltung, welche seine Lehre in der Welt hervorgebracht hat, eine so augenscheinlich göttliche, daß der Mensch, welcher die Wohlthaten des Christenthums zurückweist, sein Schicksal sich selber verdient.

Es ist wahr, das Christenthum legt schwerere Pflichten auf und lehrt größere Geheimnisse; aber ebenso wahr ist auch, daß Jesu „Joch süß und seine Bürde leicht ist" all denen, die mit ganzem Herzen seiner Gnade folgen. Ich erinnere nur an eine Gattung Menschen, die Unglaubliches geduldet und geleistet haben, freudig und selig — an die Heiligen.

Je größer die Wohlthat, um so größer der Dank und der Gehorsam gegen den Wohlthäter. Und wer die Wohlthat des Christenthums vollauf erkennt, dem werden dessen Gebote leicht werden. Auf keinen Fall aber ist der Wohlthäter schuld, wenn der mit der Wohlthat Bedachte diese zurückweist und zu Grunde geht.

Wenn aber das Christenthum eine so große Wohlthat, die einzige volle und ganze Erkenntniß Gottes ist, warum sind nicht alle Menschen dazu berufen, und warum lebt der größere Theil derselben noch im Heidenthum?

Bei dieser Frage, christliche Zuhörer, stehen wir vor einem undurchdringlichen Geheimniß. Das Warum kann ich nicht erklären; aber es begegnet uns das gleiche Räthsel überall in der Welt, im

Naturleben, in unserem physischen und socialen Leben. Blicken wir hinein in die unermeßliche Natur, die vor uns sich ausbreitet. Ueberall begegnen wir einer Ungleichheit der Gaben und Kräfte. Da sehen wir den Grashalm neben der stolzen Eiche, den Stein neben der herrlich blühenden Blume, den Wurm neben dem Adler, den Löwen neben der Maus; überall die Kraft neben der Schwäche, die Armut und Dürftigkeit neben dem Reichthum. Ebenso im Menschenleben. Da finden wir Arme und Reiche, Bettler und Fürsten, Glückliche und Unglückliche, Gesunde und Kranke, Geistreiche und Dumme, Genies und Blödsinnige.

Gerade so ist es auf religiösem Gebiet. Da ehren Christen (unter ihnen gewöhnliche und heilige), Juden, Mohammedaner und Heiden — alle Gott nach den verschiedenen Graden ihrer Erkenntniß. Nur eine heutzutage sehr verbreitete Species von Menschen verwirft jede Erkenntniß Gottes: es sind die Atheisten, die an keinen Gott glauben und sich so dem Thiere gleichstellen.

Aber Thatsache ist es, wie wir eben gesehen, daß Gott seinen Geschöpfen in verschiedener Art seine Gaben vertheilt und daß er sich den einen besser erweist als den andern. Doch zwei Punkte müssen wir, was uns Menschen betrifft, dabei festhalten. Einmal, daß Gott, der gemeinschaftliche Vater aller Menschen, das Heil aller seiner Kinder ohne Ausnahme will, und daß er ungeachtet der Dunkelheit, womit er die Geheimnisse seiner Barmherzigkeit verhüllt, niemanden Unrecht thun wird. Und zweitens gilt es festzuhalten, daß dieses Geheimniß der Unterschiede eben nur ein Geheimniß und kein Widerspruch ist, wir also unsere Vernunft darunter beugen können. Denn die Vernunft ist es, die es nicht nur begreift, sondern sogar fordert, daß Gottes Wege und Geheimnisse nicht alle von uns durchschaut werden können, daß dem endlichen Geist das Unendliche entgehe und daß das Geheimniß in unserem Verhältniß zu Gott irgendwo beginne.

Und umgibt uns schließlich nicht überall das Geheimniß und das Unbegreifliche in unserem eigenen Leben und im Leben der Natur?

Der göttliche Heiland selbst hat den Unterschied, welchen Gott mit uns Menschen macht in Bezug auf den Dienst, zu dem er jeden Menschen berufst, und auf die Gaben, die er uns verleiht, ausgesprochen in den Parabeln von den Arbeitern im Weinberg und von den Talenten.

Die Ungleichheit einer Wohlthat ist keine Ungerechtigkeit. Gott ist jedem Menschen nur die zu seinem Heile hinreichenden Mittel schuldig, und keiner hat das Recht, von ihm wirksamere Mittel zu verlangen, wie sie etwa andern (z. B. den Heiligen) zu theil werden. So gut Gott allen Menschen diese wirksamern Mittel hätte verweigern können, ebenso gut kann er sie auch einem Theile verweigern. In jedem Falle handelt es sich um einen Act der Erbarmung, der Wohlthat, und darum ist uns Gott keinesfalls Rechenschaft darüber schuldig.

Aus dem bisher Gesagten geht hervor, daß alle Menschen in der Kirche, d. i. in der Gemeinschaft Gottes und in der Vermittlung Christi, sich befinden, wenn sie nach dem Maße ihrer Erkenntniß das Gute thun und das Böse lassen, und der Grundsatz: „Außer der Kirche kein Heil", fällt nur auf diejenigen, welche wissentlich und freiwillig außerhalb der Erkenntniß stehen bleiben, deren unterste Stufe das natürliche Gesetz der Vernunft und des Gewissens und deren höchste Vollendung das Evangelium Jesu Christi in der katholischen Kirche ist. —

Dies ist die eine theologische Meinung; die andere verlangt, daß jeder Mensch zur Erlangung seines Heiles wenigstens einen indirecten, „eingeschlossenen" Glauben an Jesus Christus, den alleinigen Mittler der Menschheit, habe. Der heilige Thomas, der größte Theologe des Mittelalters, ein Genie, ist dieser Meinung und erklärt dieselbe also: „Wenn manche Menschen, ohne die Offenbarung des Mittlers gekannt zu haben, gerettet sind, so haben sie dennoch nicht ohne den Glauben an diesen Mittler ihre Rettung erlangt. Denn wenn sie auch den ausdrücklichen Glauben nicht hatten, so hatten sie doch den eingeschlossenen Glauben an die göttliche Vorsehung, indem sie glaubten, daß Gott der Retter der Menschheit sei, und daß er ihnen in der Weise, wie es ihm eben gefalle, und nach dem Maße der Wahrheit, die sein Geist ihnen geoffenbart habe, zum Heile verhelfe." Und der heilige Bernhard ist der gleichen Ansicht, wenn er schreibt: „Es haben manche Menschen vor der Ankunft Christi an Gott den Allmächtigen geglaubt und denjenigen, der ihnen ihr Heil verheißen hatte, geliebt und auf ihn gehofft. Darum sind sie denn auf diesen Geber und auf diese Erwartung hin gerettet worden, obgleich sie nicht wußten, wie oder wann ihnen das versprochene Heil verliehen würde."

Der Heilige erklärt uns seine Anschauung noch näher und sagt: „Selig werden heißt Jesus Christus, dem neuen Adam, einverleibt werden. Sogar vor der Menschwerdung des Wortes und von dem Ursprung der Welt an war das Heil nur unter dieser Bedingung möglich. Es steht geschrieben: ‚Es ist unter dem Himmel kein anderer Name den Menschen gegeben, um selig zu werden.' Aber vor der Menschwerdung waren die Menschen Jesus Christus einverleibt durch den Glauben an seine dereinstige Ankunft."

Welches war dieser Glaube? Der heilige Thomas sagt es uns auch: „Es war ein Glaube, der sich durch Opfer, Segnung oder Gebet offenbarte und durch die Sehnsucht nach einem Erlöser."

Daß dieser Glaube möglich war, bezeugt der heilige Augustinus, wenn er schreibt: „Die Völker sind nie so tief in den Götzendienst verfallen, daß sie den Begriff des einzigen wahren Gottes, des Schöpfers aller Dinge, verloren hätten."

Und was die Hoffnung auf einen zukünftigen Erlöser betrifft, so wissen wir, daß dieselbe bei allen Völkern der alten Heidenwelt bestund.

Wir haben in frühern Fastenbetrachtungen die religiösen Sagen aller bekannteren Völker der Erde durchgegangen und bei allen übereinstimmend den Glauben und die Ueberlieferung gefunden von dem goldenen Zeitalter (Paradies) der Menschheit, von dem Sündenfall, von der Erwartung eines Erlösers. Wir haben ferner nachgewiesen, daß dieselben Völker in ihren sonst so verschiedenen Religionen Opfer hatten als Sinnbilder der Sühne und der Vermittlung mit der beleidigten Gottheit. Wir heben beispielsweise hier nochmal hervor, was der griechische Schriftsteller Plutarch (gestorben um 120 nach Chr.) von den Opfern der Aegypter, dieses ältesten Culturvolkes, sagt, daß sie dem Opferthier jedesmal auf die Haut ein Bild einprägten, das einen Sklaven, die Hände auf den Rücken gebunden, in dem Moment darstellte, in welchem ihm der Priester das Messer ins Herz stößt — ein augenscheinlicher Beweis dafür, daß das Opferthier die Stelle des schuldigen Menschen vertreten sollte.

Noch weit deutlicher spricht der griechische Dichter Aeschylus in seinem „gefesselten Prometheus". Hermes (Mercurius), der Götterbote, sagt da dem unter täglichen Qualen an den Felsen geschmiedeten Repräsentanten der gestraften Menschheit:

> Von solcher Drangsal hoffe nicht ein Ziel, bevor
> Als Stellvertreter deiner Qual ein Gott erscheint,
> Für dich bereit, in Hades' unbesonntes Reich
> Zu steigen und zur finstern Kluft des Tartarus.

Und den Befreier des Prometheus nennt Aeschylus „den theuern Sohn des tief ergrimmten Vaters".

Wir sehen daraus, wie tief der Glaube an einen Erlöser in der Menschheit wurzelte. Und es mögen unter allen Völkern zahlreiche Menschen gewohnt haben, die nach diesem Erlöser sich sehnten. Abraham, der Vater der Gläubigen, von dem der göttliche Heiland sagt: „Abraham hat meinen Tag gesehen und hat frohlockt" — war sicher nicht der einzige.

Wir wissen aus der Heiligen Schrift, daß Job, der kein Jude war, schon bekannte: „Ich weiß, daß mein Erlöser lebt."

Ich erinnere ferner nur an den großen Religionslehrer Chinas im sechsten Jahrhundert vor Chr., Confutius, der seinem Volke zurief: „Ein Heiland muß vom Himmel gesandt werden, der alle Dinge weiß und der alle Gewalt hat im Himmel und auf Erden." Wie viele Tausende mögen in diesem Ruf den Glauben gefunden haben an den kommenden Erlöser!

Hat nicht Alexander von Humboldt uns die Kunde gebracht, daß auch die alten Völker Amerikas auf einen Heiland warteten? Und haben wir nicht von jenen Priestern der Kelten (der ältesten Bevölkerung Frankreichs und Deutschlands), den Druiden, gehört, wie sie Altäre errichteten „der Jungfrau, die den Retter gebären soll"?

Unter der Regierung des Kaisers Konstantin, der das Christenthum zur Staatsreligion erhob, fand man in einem alten Grabmal das Skelett eines Menschen mit einer goldenen Platte auf der Brust und der Inschrift: „Christus wird von einer Jungfrau geboren. Sonne, du wirst mich unter der Regierung des Konstantin wieder sehen."

So ging die „eingeschlossene" Erkenntniß des Erlösers durch alle Völker, und unter allen Religionen hat Christus seine Bekenner. Schon der heilige Augustinus sagt hierüber: „Seit dem Anfange des Menschengeschlechts haben alle diejenigen, welche an Christus glaubten, ihn so gut als möglich erkannten und in Gerechtigkeit lebten, gleichviel zu welcher Zeit und an welchem Ort, ohne allen Zweifel durch ihn ihr Heil gefunden. Denn wie wir an ihn glauben als an den im Vater Verbleibenden und im Fleische Gekommenen, so glaubten die Menschen vor ihm an ihn als den, der beim Vater wohnt und noch im Fleische kommen werde. So ist früher dunkler und durch Verheißungen, heute dagegen mit größerer Klarheit die nämliche wahre Religion ausgeprägt und geübt worden."

Wir finden, um dies noch anzuführen, zu allen Zeiten und unter allen Himmelsstrichen den Gebrauch der Opfer, der Reinigungen, der Anbetungen, bei den heidnischen Völkern wie bei den Juden.

Wer wollte nun behaupten, daß alle diese Acte vor sich gegangen seien ohne den Glauben an eine Sühnung der Sünde im allgemeinen und der Erbsünde im besondern? Heißt es nicht in der Apostelgeschichte von dem heidnischen Hauptmann Cornelius, daß seine Gebete und seine Almosen Gott angenehm waren? Ruft nicht der Kirchenschriftsteller Tertullian den Heiden seiner Zeit zu: „Im Glück richtet ihr eure Blicke nach dem Capitol (wo der höchste Heidengott, Jupiter, seinen Tempel hatte); im Unglück aber erhebt ihr sie zum Himmel, wo ihr wisset, daß der wahre Gott wohnt"?

Sowenig wir also einen Menschen in der Zeit des Christenthums verdammen dürfen, ebensowenig dürfen wir einen Menschen vor Christus seines Heiles für verlustig erklären, weil wir, wie der Philosoph Leibniz einmal sagt, die außerordentlichen Wege nicht kennen, deren sich Gott bedienen kann, um die Seelen zu erleuchten, und weil wir insbesondere nicht über alles das unterrichtet sind, was im Augenblicke des Todes in dem sterbenden Menschen vor sich geht. „Man kann", sagt dieser Philosoph an einer andern Stelle, „behaupten, daß, wenn Gott den Menschen die Gnade gibt, einen Act der Reue zu erwecken, er ihnen auch, sei es ausdrücklich oder eingeschlossen oder infolge ihres guten Willens, vor dem Verscheiden, und wäre es auch erst in den letzten Augenblicken, das ganze Licht des Glaubens und die ganze Gluth der Liebe verleiht, die ihnen zum Heile nothwendig sind."

Leibniz stimmt hierin ganz mit dem heiligen Thomas überein, der sagt: „Gott würde solchen Menschen, die alle Pflichten, die sie kannten, treu erfüllt haben, eher einen Engel schicken, als sie im Unglauben sterben lassen."

Unsere Zeit lächelt vornehm über derlei Anschauungen. Es gilt diesem Lächeln ein schönes Wort des christlichen Philosophen August Nicolas: „Daß von Hochmuth verarmte Geister, die nur in sich selbst gekehrt und darum beschränkt sind, Gott ebenfalls in seinen Mittheilungen beschränken wollen und an derartige Erleuchtungen nicht glauben, ist wohl begreiflich. Daß aber eine Seele — und es gibt solche zu allen Zeiten und hat deren gegeben —, die nach Wahrheit und Unsterblichkeit verlangt, welche liebt, welche betet, niemals wahrnehmen soll, wie sie von oben erleuchtet wird und die lebhafte Erkenntniß ihrer Pflicht und ihres Heiles empfängt, das könnte nur von einem Menschen behauptet werden, der die Wege der Vorsehung nie an sich erfahren hat. ..."

Je mehr eine Seele einsam dasteht mitten in der Heidenwelt, je mehr sie der äußern Hilfsmittel, durch die Gott seine Religion gegründet hat, entbehrt, desto mehr besorgt die göttliche Barmherzigkeit und Weisheit die Belehrung dieser Seele. „Sie (die Barmherzigkeit) begibt sich", wie die heilige Schrift sagt, „unter die Völker, in die heiligen Seelen und macht Freunde Gottes." Solcher Seelen weist das alte Heidenthum mehr auf als unser neues, in welchem das Gebet und das Verlangen nach übernatürlicher Erleuchtung Dinge sind, über die man längst hinaus ist und die man allenfalls noch den Priestern, den Kindern und den Frauen überläßt.

Ich erinnere nur an das prophetische Wort eines der größten Denker aller Zeiten, des heidnischen Philosophen Plato, das ich früher schon einmal von der Kanzel aus angeführt: „Betet zu dem Gott des Weltalls, zum Schöpfer alles dessen, was ist und was sein wird. Betet auch zu dem eigentlichen Vater des Leiters und Schöpfers, den wir noch alle offenbar erkennen werden, soweit es uns Menschen möglich ist. Wir wollen den rettenden Gott anrufen, auf daß er uns durch eine außergewöhnliche und wunderbare Belehrung rette, indem er uns Unterweisung gibt über die wahre Lehre."

Gibt es eine deutlichere Hinweisung auf Christus Jesus, von dem der heilige Johannes sagt: „Alles ist durch ihn erschaffen worden, und ohne ihn ist nichts geschaffen, was geschaffen worden ist. Er ist das Licht, das jeden Menschen erleuchtet"? Und wollen wir läugnen, daß Plato den Glauben an den Retter und Mittler besaß? Und wie viele Männer seines Volkes, des gebildetsten der alten Welt, mögen wie er gebetet und gehofft und geglaubt und ihr Beten, Hoffen und Glauben auf andere übertragen haben!

Ebenso, wie bei den Griechen, finden wir bei den Römern Zeugnisse genug, die uns den Glauben an einen zu erwartenden Helfer bezeugen. Ich nenne hier nur den römischen Dichter Virgil, die Philosophen Cicero, Seneca und die Geschichtschreiber Tacitus und Sueton, deren Aussprüche wir in frühern Fastenpredigten wiedergegeben haben.

Fassen wir nun das in unserer heutigen Betrachtung Gesagte zusammen, so haben wir dargethan, daß die katholische Kirche, trotz des grundsätzlich ganz richtigen Ausspruches: „Außer der Kirche kein Heil", im höchsten Grade tolerant ist, weil sie keinem Menschen sein ewiges Heil abspricht und die Möglichkeit, in jeder Religion sein Heil zu gewinnen, gelten läßt. Wie die katholische Theologie diese Möglichkeit begründet, haben wir sodann des nähern ausgeführt.

Wir wollen nun in unserem letzten Vortrage noch einige Betrachtungen anstellen über das eine und andere, was mit der Toleranz, wie wir sie erklärt haben, zusammenhängt, und dann reden von ihrem Mißbrauch und den Früchten dieses Mißbrauches.

Schließen wir für heute mit Amen.

VI.

Die Kirche lehrt, wie wir gesehen, daß jeder, der ohne sein Verschulden in unbesiegbarem Irrthum ferne von dem Heile steht, das sie verkündet, sein ewiges Ziel dennoch erreichen könne. Sie hat aber auch darüber nichts bestimmt, welches dieser unbesiegbare Irrthum sei und wie weit seine Grenzen gehen.

Wir können uns jedoch bei dieser Frage, christliche Zuhörer, gleichwohl eines schweren Bedenkens nicht erwehren, wenn wir sehen, namentlich in unsern Tagen, mit welch erschreckender, freiwilliger Gleichgiltigkeit die Menschen und vorab die sogenannten Gebildeten am Christenthum vorübergehen, und wie sie sich nicht die geringste Mühe nehmen, aus ihrem Zweifel, ihrem Unglauben, ihrem Irrthum herauszukommen.

Die Wahrheiten des Christenthums und die Lehren der katholischen Kirche sind seit neunzehn Jahrhunderten in der Welt. Sie liegen offen vor aller Augen. Sie haben Kämpfe und Widersprüche erfahren, wie nie eine Wahrheit unter Menschen sie erfahren hat; sie sind keiner Lüge überführt worden und haben alle Angriffe und Stürme überdauert bis zur Stunde, ohne daß die Kirche, ihre Verkünderin, ein Jota daran geändert oder preisgegeben hätte. Man sollte nun glauben, da diese Wahrheiten sich mit dem Wichtigsten beschäftigen, was es für den Menschen geben kann, nämlich mit dem Woher und Wohin der Menschheit, würden sie vor allem und in erster Linie zum Gegenstand des Forschens, des Studirens und Untersuchens gemacht werden, um so mehr, als man bei jeder Gelegenheit diese Wahrheiten zum Gegenstand der Unterhaltung macht, sie verspottet und läugnet.

Was sehen wir aber statt dessen? Wir sehen, wie unsere Gelehrten Studien machen über alles, was die Natur bietet, vom Stein, der zu unsern Füßen liegt, bis hinauf zu den Welten, die über unsern Häuptern rollen, vom Wurm im Staub und den Infusorien im Tropfen Wasser bis hinauf zum Adler und Elefanten, von den Algen und Moosen bis zur Palme — aber sich die Mühe zu nehmen, Studien zu machen über das Christenthum, es gründlich zu prüfen, ob es wahr oder falsch, ob sein Stifter Gott oder Mensch, seine Kirche Gottes- oder Menschenwerk sei, daran denken diese Leute nicht. Sie begnügen sich, zu verachten und zu läugnen, was sie gar nicht kennen: ein Standpunkt, den sie selbst in ihren Wissenschaften auf das schärfste verurtheilen.

Und erst diejenigen, welche sich mit dem Woher und Wohin der Menschheit ausschließlich beschäftigen, unsere christlichen Philosophen, sie sind, einige wenige wie Descartes und Leibniz ausgenommen, die ärgsten Widersacher der christlichen Wahrheit. Sie weisen diese mit Hohn und Spott von sich als einen „Eingriff in die menschliche Vernunft", statt in ihr die größte Segnung zu erblicken.

Das Licht, das jeden Menschen erleuchtet, kam, wie der heilige Johannes sagt, in die Welt, aber sie nahm es nicht auf. Die Philosophen stellen das Lämpchen ihrer Vernunft über dieses Licht, und da sie letzteres in der Welt nicht auslöschen können, bekämpfen sie es.

Und wie dumm geschieht dies oft! Das zeigt uns, um nur ein Beispiel anzuführen, der „größte Denker" unter den deutschen Philosophen der Neuzeit, Schopenhauer. Er schimpft über den Christengott, weil er durch das Verlangen, in ihm den Weg, die Wahrheit und das Leben zu sehen, zwei Drittheile der Menschheit ewig verdamme.

Wie unwahr und armselig dieser Ausspruch ist, haben uns die seitherigen Betrachtungen gezeigt.

Da waren denn die alten heidnischen Philosophen, ein Plato, ein Aristoteles, ein Cicero, ein Seneca, doch andere Leute. Diese herrlichen Genies betrachteten ihre Philosophie als ein aufrichtiges Streben nach Wahrheit, und jeder Strahl höherer Erleuchtung war ihnen willkommen. Sie machten nicht die eigene Vernunft zu ihrem Abgott. Sie beteten, wie wir oben von Plato gehört, und waren voll Liebe zur göttlichen, übernatürlichen Wahrheit.

Wir finden bei den Dichter- und Philosophen-Genies der Alten, einem Homer, Sophokles, Plato 2c., keinen einzigen unanständigen

Ausdruck gegen Religion und Gottesdienst. Warum? Das sagt Lacordaire so schön mit den Worten: „Das Genie ist die größte Kraft, die Gott erschaffen hat; es ist angelegt fürs Uebernatürliche, und es ist ihm zu eng zwischen Himmel und Erde." Darum sprach das erste Genie Lucifer: „Ich erhebe mich mit dem Nordwind auf die Berge und schlage meinen Thron neben dem Throne Gottes auf."

Die Genies der Alten waren es, die den Menschen die Ideen des Uebernatürlichen entwickelten, die Religionen gestalteten.

Da kam das Christenthum, und vom ersten Augenblicke an waren die Männer vom Geist die schlimmsten Feinde des Christenthums. Auch den Grund hierfür beleuchtet Lacordaire gar trefflich, wenn er sagt: „Das Christenthum hat dem Genie das Scepter genommen und hat die Philosophen mediatisirt; sie sind durch das Christenthum ohne Land und ohne Landeshoheit geworden." Ihre Schulen dauern kaum so lange als ihr Leben; es leistet ihnen niemand mehr Heeresfolge wie im Heidenthum. Das Scepter der Wahrheit ging an zwölf arme, unbedeutende Juden über, Männer aus dem Volke, und was die Ideen, welche sie in die Welt eingeführt, in der Welt für die alten Pächter und Vertreter der Wahrheit Schlimmes bewirkt haben, sehen wir bis zur Stunde vor uns. Fortan ruhte und ruht die Wahrheit, welche die Menschheit beeinflußt und umgestaltet, in den Händen armseliger, geistig meist unbedeutender, aus dem Bürger- und Bauernstand hervorgegangener Männer, die man Priester nennt. Und das weiß man, und das fühlt man; daher die „Kuttenangst" und der „Priesterhaß" unter so vielen großen und kleinen Geistern bis zur Stunde, und darum ruft man die Staatsgewalt gegen „die Pfaffen" an, damit sie nicht zu vielen Einfluß bekommen.

Es ist dieser Vorgang die Erfüllung der Worte des Apostels im ersten Briefe an die Korinther: „Es steht geschrieben: Vernichten will ich die Weisheit der Weisen und verwerfen die Klugheit der Klugen (Isaias).... Sehet nur auf eure Berufung, Brüder; da sind nicht viele Weise, nicht viele Vornehme und Mächtige, sondern Thoren vor der Welt hat Gott auserwählt, um die Weisen zu Schanden zu machen, und die Niedrigen, um das Starke zu beschämen."

Das Christenthum und seine Verkündiger werden von den „Männern der Wissenschaft" verachtet. Und doch hat das Christenthum mit seinen Wahrheiten, wie wir schon in frühern Jahren einmal näher dargethan, auch auf dem Gebiete des Wissens unermeßliche Fortschritte gebracht. Der menschliche Geist hat sich seit dem Eintritt des Evangeliums Jesu Christi in die Welt von Stufe zu Stufe emporgeschwungen, so daß selbst ein Voltaire in einer guten Stunde geschrieben hat: „Wenn man sieht, wie die Vernunft so außerordentliche Fortschritte machte, und zwar gerade zu der Zeit der Predigt des Evangeliums, so muß man den Glauben als einen Verbündeten betrachten, der uns zu Hilfe kommen muß, aber nicht als einen Feind, den man zu bekämpfen habe."

Welch unendlichen Fortschritt hat die Menschheit gemacht durch das Christenthum auf dem Gebiete der Metaphysik, des Uebernatürlichen und Moralischen! Der gleiche Voltaire sagt hierüber: „Ich möchte wünschen, daß zu unserem Vergnügen und zu unserer Belehrung alle großen Philosophen des Alterthums heute wieder auf die Erde kämen und eine Unterredung anknüpften mit einem christlichen Genie wie Pascal — was sage ich? — mit ganz gewöhnlichen Leuten, die gar keine Gelehrsamkeit besitzen, die bloß nicht ganz unverständig sind. Das Alterthum möge mir das nicht verübeln; ich glaube aber, sie würden eine traurige Rolle spielen."

Wenn wir nun sehen, wie trotz alledem die Gebildeten unserer Tage dem Christenthum gegenüberstehen, sich gar keine Mühe geben, es kennen zu lernen, so müssen wir sagen, sie machen sich schuldig des freiwilligen, absichtlichen Irrthums, und darum gilt ihnen das Wort: „Außerhalb der Kirche kein Heil." Und wenn die Kirche sie auch nicht verdammt, so bereiten sie sich die Verdammung selbst durch die Art und Weise, mit der sie in unverantwortlichem Leichtsinn Stellung nehmen zu dem, der das Licht der Welt, die Wahrheit der Welt und das Leben der Welt ist. —

Und nun wollen wir noch die Früchte der zu weit gehenden, jetzt so Mode gewordenen Toleranz, der Toleranz im schlimmen Sinne des Wortes, betrachten.

Es ist, wie wir früher schon bemerkt haben, in unserer Zeit kein Wort verhaßter als das Wort „Intoleranz", und keines beliebter als das Wort „Toleranz". „Sehet, ruft man uns zu," sagt Balmes, „dieses Europa, wo während so vieler Jahrhunderte Ströme von Blut geflossen, sehet es jetzt zufrieden und ruhig. Es hat die religiösen Streitigkeiten aus der Welt geschafft, es bekümmert sich nichts um die andere, chimärische Welt, es beschäftigt sich nur mit dem bürgerlichen Wohle seiner Unterthanen, mit dem Wohlsein des gegenwärtigen Lebens, mit der Vermehrung des Nationalwohlstandes, mit dem Fortschritt der Künste und Wissenschaften und der Bequemlichkeit des Lebens. Und die Aufklärung hat die religiöse Finsterniß verscheucht. Der Mann des Jahrhunderts weiß nichts mehr von derselben." Er ist, setzen wir hinzu, tolerant gegen jede Religion; allgemeine Duldung, Menschen- und Bruderliebe ist seine Losung. Fragen wir aber, woher er diese Grundsätze schöpft. Allgemeine Menschen- und Bruderliebe hat das Christenthum in die Welt gebracht, sie ist ein Lehrsatz des Christenthums. Aber auch die Duldung, mit der die Menschen unserer Tage sich so sehr brüsten, ist keine Tugend, sondern sie entspringt lediglich ihrer Gleichgiltigkeit gegen alle Religionen.

Der Mann des Jahrhunderts ist tolerant gegen alle Bekenntnisse, weil er sein eigenes längst aufgegeben hat und ihm die andern ebensoviel gelten, d. i. ebenso gleichgiltig sind, als das eigene. Er schwärmt, mit einem Worte, für Toleranz aus Indifferentismus, zu deutsch Religionslosigkeit.

„Die Gleichberechtigung der Religionen, die man fordert," sagt ein protestantischer Schriftsteller unserer Zeit (Brückner), „beruht auf der Gleichgiltigkeit gegen die Religion, der man angehört. Man streitet sich für Freiheit der Religionsübung und meint damit das Recht der Religionslosigkeit."

Und trotz dieses bedauernswerthen religiösen Indifferentismus, in welchem sich unzählige Menschen in dem „friedlichen Europa" befinden, bringt man die religiösen Fragen und Streitigkeiten nicht aus der Welt. Nicht bloß „das dumme Volk", sondern auch die Gelehrten und Staatsmänner sind, ob sie wollen oder nicht, mit ihnen beschäftigt. Die Religion ist eben trotz der riesenhaften Gleichgiltigkeit unserer Tage nicht aus der Welt zu schaffen, weil sie nicht aus dem Herzen der Menschheit zu bannen ist.

Was hat aber, neben der fast ausschließlichen Beschäftigung mit den materiellen Interessen des Lebens, diesen Indifferentismus, diese Gleichgiltigkeit gegen die Religion und gegen jede Religion hervorgerufen? Antwort: Die schrankenlose Toleranz unseres Jahrhunderts. Und woher stammt diese Toleranz? Aus der im vorigen Jahrhundert in Frankreich und Deutschland angebahnten Abneigung gegen die positiven, intoleranten Glaubenssätze des Christenthums.

Der bekannte protestantische Gelehrte Gervinus, Professor in Heidelberg, that im Jahre 1845 in einer Schrift über die Deutschkatholiken folgenden Ausspruch: „Wir stehen durchschnittlich noch immer auf dem Standpunkt der Goethe und Schiller, der Voß und Jean Paul, der Winkelmann und Wieland, der Forster und Lichtenberg, die sich alle der Schranken des dogmatischen Christenthums entledigt haben." Und diese Männer sind heute noch die Geistesheroen in Deutschland, sie werden als Halbgötter oder mindestens als Vorbilder hingestellt in allen Gymnasien und in allen höhern Töchterschulen. Und weil „diese Heiligen" tolerant sind, d. h. dogmatisch ungläubig, so muß jeder bessere deutsche Schulmeister, jeder Gymnasiast und jede „höhere Töchterschülerin" sich ebenfalls jener intoleranten Schranken entledigen und die positive Religion wegwerfen.

Döllinger fügte sechzehn Jahre später den obigen Worten des Heidelberger Gelehrten bei: „Sie sind heute noch ebenso wahr. Der Widerwille gegen das Christenthum, sobald es sich im Leben wie in der Wissenschaft geltend machen will, ist in den Regionen der Gebildeten allgemein. Dem gläubigen Protestantismus stellt er sich bei jedem Schritte ebenso in den Weg wie der katholischen Kirche; nur daß die Feindschaft gegen die letztere aus mehreren Gründen, zunächst schon um ihrer festern Organisation und zähern Widerstandskraft willen, energischer, thätiger, allgemeiner ist und daß jeder Feldzug gegen sie alles, was sich protestantisch nennt, Gläubige und Ungläubige, Scharen der verschiedenartigsten Kampfgenossen zu kurzer Eintracht unter einem Banner vereinigt."

Die Worte Gervinus' und Döllingers haben auch zur Stunde noch ihre vollste Geltung.

Die einzige intolerante christliche Kirche, d. h. jene, welche seit neunzehn Jahrhunderten keinen ihrer Glaubenssätze aufgegeben hat, ist die römisch-katholische. Sie begegnet deshalb der Toleranzschwärmerei unserer Zeit gegenüber stets dem Mißtrauen und der Bekämpfung. Daß aber diese Toleranz vielfach nichts ist als Unglaube und Haß gegen den Glauben, zeigt der Umstand, daß diejenigen, welche über alle Religionen spotten, die Geistigkeit und Unsterblichkeit der Seele läugnen, alle Sittlichkeit und deren tiefste Grundlagen verhöhnen — Duldung, Entschuldigung, ja selbst Lob erfahren, oft gar noch als große, klassische Menschen verehrt werden.

Und unsere modernen Staaten, unsere weltlichen Regierungen haben diese „Toleranz" gefördert und beschützt. Im alten römischen Reiche deutscher Nation, von dem ein Protestant, der Engländer James Bryce, sagt, „es sei aus demselben alles Leben der neuen Welt emporgestiegen", war die oberste Staatsparole „Religion". Diese Parole ist im modernen Staat abgeschafft. Er bekümmert sich nur um das bürgerliche und staatliche — ums irdische Wohl; mit der Religion kann es jeder nach Belieben halten, darf sie unter den Augen der Staatsgewalt beschimpfen und lästern, wenn er nur den Staat schont. Der Socialdemokrat kann, wie wir es bei uns öfters erleben, über Religion, Glauben und Kirche sagen, was ihm beliebt; seine Versammlung wird nur aufgelöst, wenn er über den Staat und seine Gesetze schimpft.

Christliche Zuhörer! Ich sage: Die Aufgabe des Staates ist es allerdings, für das Wohl der Bürger zu sorgen; wenn aber bei dieser Sorge dieselben zugleich in Bezug auf ihr ewiges Los in den Indifferentismus hineingezogen werden, so stürzt der Staat seine Bürger, statt ihnen wahres Glück zu bringen, ins Unglück, selbst wenn er ihnen die größte irdische Wohlfahrt gebracht hätte.

Aber wo ist diese? Sie ist der Stein der Weisen, den auch unsere Zeit, obwohl sie alle Thätigkeit auf die irdischen Interessen verwendet, vergeblich sucht.

Wunderbar schön hat schon vor sechzig Jahren der große Spanier Balmes gesagt: „Welche Anstrengungen für Volkswohl in unsern Tagen! Und doch, wohin wir auch die Augen wenden mögen, überall treffen wir Unglückliche ohne Zahl, welche in Noth und Elend ihr Leben dahinschleppen, welche von der Geburt bis zum Grabe auf einem von Dornen und Thränen besäeten Weg wandeln. Wenn dazu noch der Zug der Zeit, die strafbare Gleichgiltigkeit der Gesellschaft in religiösen Dingen, die Unglücklichen ohne Grundsätze, ohne Religion, ohne Wahrheit vom Elend des gegenwärtigen Lebens in ewiges Elend hinübergehen läßt, was nützt dann den Armen das aufgeklärte Zeitalter, die weise Gesetzgebung?"

„Das Herz wird traurig und betrübt, wenn man das gräßliche Los des Menschengeschlechtes sieht und den trügerischen Schein betrachtet, mit dem man die Zustände der Gesellschaft beleuchtet. Die Geschichte des Menschengeschlechtes, d. i. die Geschichte des Unglückes und der Schmerzen der Menschheit, aufmerksam betrachtet, zeigt uns aufs deutlichste die Nothwendigkeit eines andern Lebens. Denn auf dieser Welt hat die Mehrheit der Menschen an all dem, was man das Glück, das Wohl, den Ruhm der Gesellschaft nennt, keinen Antheil."

„Kriege und Revolutionen, Blut, Trümmer und Ruinen begleiten unaufhörlich das Streben der Gesellschaft nach Besserung. Was bleibt übrig? Der Ruhm eines Eroberers, das Andenken eines Monarchen, während ganze Nationen in den Staub sanken, untergingen und unter all den Schutthaufen der Vergangenheit in tiefster Vergessenheit ruhen, nachdem sie ihr Leben in Leiden und Unglück zugebracht hatten."

„Man fühlt, daß unmöglich dieses Menschengeschlecht geschaffen sein kann, um das Opfer jeder Art von Elend oder das Werkzeug für den flüchtigen Ruhm Einzelner zu sein."

„Darum ist das erste Interesse jedes einzelnen Menschen, der gesamten Menschheit, die Sorge für die Ewigkeit. Und darum ist der größte Freund der Menschheit die Religion Jesu Christi, die allein uns das Räthsel unseres irdischen Elends erklärt; die Religion, die den Menschen an der Wiege aufnimmt, um ihn zu lehren, gut zu leben und dadurch gut zu sterben; die Religion, die ihn an ihrer göttlichen Hand durch die Stürme dieses Lebens hindurchführt, damit er die Klippen vermeide; die Religion, welche ihm in kräftigen Zügen die Kürze, die Unbeständigkeit, die Nichtigkeit alles dessen darthut, was den Menschen anzieht und verlockt, und ihn lehrt, all seine Hoffnung auf ein unendliches Wesen zu setzen, welches uns in diesem

Thränenthal gesetzt hat, damit wir da ein nie endendes Glück erwerben."

Und diese Religion Jesu Christi, diese einzige Trösterin der armen, heimgesuchten Menschen, durch Förderung einer falschen Toleranz, durch Duldung einer gottesläugnerischen Wissenschaft und jeder Religionslosigkeit zu schädigen und aus den Herzen der Menschen zu verdrängen, hält der moderne Staat für eine hohe Errungenschaft. Und die Folgen davon? Die pfeifen, um ein gewöhnliches Wort zu gebrauchen, die Spatzen von den Dächern. Die Menschen werden richtig immer toleranter und religionsloser, aber auch immer unzufriedener, revolutionärer und gefährlicher! In allen Fugen des modernen Staatslebens kracht's und wankt's. Aus dem Krater des drohenden Vulkans raucht's bereits bedenklich, und die Lava, welche er ausspeit, riecht sehr stark nach den Folgen jener Toleranz.

Christliche Zuhörer! Wir leben in einer Zeit, in der fast alles rennt und jagt nach Geld und nach Vergnügen. Materialismus, Genußsucht und deshalb Gleichgiltigkeit und Abneigung gegen das Christenthum haben eine solche Macht erlangt, daß man glaubt, die Welt wolle wieder ins alte Heidenthum zurücksinken, dessen Religion die Vergötterung alles Irdischen und aller menschlichen Leidenschaften war. Unterstützt von zahllosen Erfindungen, arbeitet unsere Zeit mit Riesenanstrengung, um zu ihrem Ziele, das da heißt: Geld, Gut, Genuß und damit allgemeines Volkswohl — zu kommen. Mit Dampf wird gearbeitet, mit Dampf gelebt. Staunend stehen wir vor den Fortschritten unserer Zeit auf dem Gebiete der Industrie und Technik. Aeußerlich betrachtet, könnte man glauben, wir wären auf dem Höhepunkt der Cultur angekommen.

Aber sind wir auch glücklicher? Geht die Zufriedenheit, die Veredlung der Sitten unserer Nation Hand in Hand mit den übrigen Fortschritten? Bei diesen Fragen fühlen wir, daß der Mensch doch größer ist, als daß die Dampfkraft und die Maschinen, Geld und Genuß ihn befriedigen könnten. In demselben Maße wie die Producte der Industrie ist einerseits das sociale Elend, andererseits der Reichthum Einzelner gewachsen; die Armen, losgelöst von der Religion, lechzen nach dem Reichthum und dem Genußleben der Reichen. Es wirkt auf die Massen nichts mehr als die Hoffnung und das Verlangen, die irdische Wohlfahrt mit den besitzenden und genießenden Klassen zu theilen. Die Hoffnung auf ein besseres, anderes Leben stärkt sie nicht mehr, ihr hartes Loos zu tragen, schreckt sie nicht mehr ab von der Verletzung des Eigenthums und hält nicht mehr zurück Haß, Neid und Verbrechen. Ueberall deshalb Unzufriedenheit, Verrohung und Verwilderung.

Und woher diese traurige Erscheinung, diese drohende Gefahr bei all dem Fortschritt, bei all der Aufklärung?

Antwort: Von der falschen Toleranz, von der Humanität auf allen geistigen Gebieten.

Man hat zuerst gelehrt, alle Religionen seien gleich zu achten; es sei gleich, was man glaube. Gut deutsch übersetzt — und das arbeitende Volk hat diese Uebersetzung besorgt — heißt das: „Alle Religionen sind gleich wenig werth; man braucht gar keiner zu glauben, und der Unglaube ist deshalb ihnen gegenüber das einzig Richtige."

Auf den Kathedern sind zahlreiche, vom Staat, d. i. vom Volk bezahlte Professoren gesessen und sitzen noch da und lehrten und lehren die religiöse Gleichgiltigkeit durch Wort und Beispiel. Sie haben zudem noch weiter gelehrt: alles sei Materie, es gebe keinen Geist und keine Seele; der Mensch sei „ein Haufe chemischer Stoffe" wie andere Dinge auch; es gebe keine andere Kraft als Naturkräfte, Dampf, Elektricität u. s. w.; Ewigkeit und Unsterblichkeit seien Erfindungen der Priester; sich hienieden gut zu betten, sei das einzig Vernünftige.

Und diese Drachensaat ging auf. Die Menschen dienen ganz der Natur, ihre Kräfte läßt man als berechtigte Leidenschaften in sich walten, man erkennt keine andere Triebfeder als Geld und Genuß, keine andere Arbeit als die Vermehrung der Producte; die sittlich-religiöse Entwicklung des Einzelnen und der Gesellschaft ist werthlos. So steht, wie ein gewappneter Riese, plötzlich „der arme Mann" vor den Reichen und den Weisen unserer Zeit und verlangt, der dritte im Bunde zu sein, wenn es gilt, nichts zu glauben und das Leben zu genießen, und er verlangt es mit Recht nach der eigenen Lehre und dem eigenen Beispiel jener Herren, die da glauben, harte Arbeit und religiöser Glaube passen nur für das gemeine Volk.

Die Gefahr ist da, der Riese droht — und jetzt sollen auf einmal Maßregeln der Polizeiverwaltung, Entwürfe, Programme, Reden und Bücher helfen. Aber der „arme Riese" spottet ihrer mit Recht. —

Christliche Zuhörer! Die Seele des Menschen ist die Triebfeder aller seiner Handlungen und schließlich auch die der Gesellschaft. Diese Seele kann aber wirksam nur geleitet werden von ihrem Schöpfer. Lassen wir die **intoleranten** Wahrheiten von Gott, von Unsterblichkeit wieder wirken in den Menschenseelen, die Wahrheit von einem Gott, der gelitten, der die Armut geübt und geheiligt hat und den Reichen zuruft: „Was ihr dem geringsten eurer Brüder gethan habt, das habt ihr mir, eurem Gott, gethan!"

Lehren wir die Menschen wieder einsehen, daß sie nicht bloß „Chemikalien", daß sie mehr sind als Thiere, und daß die Materie nie zur Herrschaft gelangen dürfe, weder im Menschen noch in der Welt!

Alle andern Versuche werden fruchtlos sein. Sagen wir es mit zwei Worten: Helfen kann nur die **Intoleranz**! Die Intoleranz auf religiösem und bürgerlichem Gebiete. Die schrankenlose Toleranz in religiösen Dingen, auch gegenüber dem Atheismus, der Gottlosigkeit, und die Toleranz auf bürgerlichem Gebiet, der Humanitätsdusel und die unsinnige Freiheit des Individuums, die haben uns dahin geführt, wo wir heute stehen.

Man führe die Menschheit in Europa zurück zum positiven Christenthum oder zwinge sie wenigstens zur Achtung vor demselben; man lasse nicht die **intoleranten** Wahrheiten des Sohnes Gottes vom Professor bis hinab zum Arbeiter verspotten und verhöhnen, und man vergesse nicht, daß Christus Jesus der Eckstein der christlichen Völker ist und alles Bauen neben diesen Stein dem Bau jenes Hauses im Evangelium gleicht, welches auf Sand gebaut war und von dem es heißt: „Die Fluthen brangen daher, die Winde stürmten auf dasselbe ein. Es stürzte, und sein Fall war groß."

Und auf bürgerlichem Gebiete sorge man für ein strengeres Regiment, für mehr Intoleranz der Rohheit und dem Leichtsinn der Menschen gegenüber, und vergesse nicht, daß der größere Theil der Menschen allzeit in Zucht gehalten werden muß, daß nicht alle Idealisten und Philosophen sind, passend für ein platonisches Staatsleben.

Christliche Freunde! Es ist eine schöne Sache um Toleranz und Humanität, aber ihr Mißbrauch ist vom größten Uebel. Allzu große Toleranz führt zur Religionslosigkeit und allzu große Humanität zur Verwilderung. Diese Wahrheit illustrirt am besten unsere eigene Zeit.

Es kann diese Wahrheit aber auch jeder an sich selbst erfahren. Je toleranter wir gegen uns selbst und unsere Fehler sind, um so schlimmer unser sittlicher Zustand. Die ganze Weisheit ruht hier in dem Satze des Heilandes: „Wer mir nachfolgen will, verläugne sich selbst" — sei intolerant gegen sich.

Aehnlich verhält es sich in der Familie, im Staatsleben. Jede Gewalt, sei es daß sie im Einzelleben, in der Familie, in Kirche oder Staat auftritt, um entgegenstehende, schädliche Gewalten zu unterdrücken, muß intolerant sein. Und, glauben wir nur, unsere Zeit, die sich eine schöne Zukunft träumt von ihrer Toleranz und ihrer Humanität, wird, blutig aus diesem schönen Traume geweckt, zur Intoleranz zurückkehren, um die Menschheit wieder in geordnete Bahnen zu bringen.

In dieser Hinsicht könnte uns die Geschichte belehren, wenn sie für so viele Leute nicht stumm wäre. Denken wir nur an die französische Revolution vor hundert Jahren. Rousseau rief aus: „Gott möge mich behüten, das grausame Dogma der Intoleranz zu predigen!" Die congenialen Geister seiner Zeit verbreiteten diesen Ruf; er bekam Anhänger unter allen Ständen. Man lief Sturm gegen die Intoleranz der römischen Kirche. Was war die Folge? Es gab keine religiöse Wahrheit mehr, die nicht geläugnet worden wäre, bis zur Läugnung des Daseins Gottes; es gab keinen Unsinn auf religiösem Gebiet, der nicht den Tag seines Triumphes gehabt hätte, und alle Laster ließen sich nieder auf diesem Schauplatz der öffentlichen Meinung von der Toleranz. Nebenher ging die gräßlichste Intoleranz gegen alle, die nicht die gleiche Ansicht hatten. Oder war die Guillotine tolerant, oder wird es die Socialdemokratie sein, wenn sie ans Ruder gelangt?

Und wer hat jene Stürme der französischen Revolution, die ganz Europa umkehrten und durchwühlten, allein überdauert? Die katholische Kirche — sie, welche die ganze Wucht der Revolution getragen hat, sie, die intolerante Kirche und durch ihre Intoleranz „die Säule und Grundfeste der Wahrheit".

Wir wissen nicht, welch neue Gewaltthaten und Revolutionen in der menschlichen Gesellschaft die Zukunft bringt. Aber das wissen wir, daß die Kirche an ihren intoleranten, weil göttlichen Wahrheiten festhalten wird jedem Zeitgeist und jedem Zeitereigniß gegenüber. Und das wird stets ihr Sieg und ihr Bestand sein; denn sie hält fest an Gottes Wort, und dieses ist ewig und unüberwindlich. —

Zum Schlusse möchte ich allen jenen, die so sehr für Toleranz schwärmen und aus Gleichgiltigkeit gegen jede Religion die Intoleranz der katholischen Kirche so heftig angreifen, noch die folgenden ernsten Worte zur Beachtung empfehlen:

Die religiöse Gleichgiltigkeit, d. i. die vollständige Vernachlässigung der für jeden Menschen wichtigsten Angelegenheit, das Vergessen jener schrecklichen Wahrheiten, an die der Tod uns erinnert, ist etwas, was weder unser Verstand noch unsere Vernunft begreifen kann.

Man grüble, so lange man will; man erfinde noch so viele Ausflüchte und Spitzfindigkeiten, um den Glauben Lügen zu strafen — das Folgende kann kein vernünftiger Mensch läugnen. Es kommt einmal der Tag, wo unser Körper aufgelöst wird; es kommt einmal ein Augenblick, wo man von uns sagen wird: er ist todt, und in diesem Momente wird eine von zwei sich schroff entgegengesetzten Alternativen sich verwirklichen. Entweder kehren wir ins Nichts zurück, und dann wird unser Wesen, das jetzt denkt, fühlt, will, aufhören, und der Tod wird einfach die Materie an uns zersetzen, — oder unsere Seele ist unsterblich, sie überdauert den Körper, und während unsere Angehörigen, von Schmerz ergriffen, unsere leblosen Reste betrachten, öffnet sich uns die furchtbare Wahrheit: Es gibt einen Gott, der ein Vergelter des Guten und Bösen ist, und eine Ewigkeit, und Jesus Christus ist Gott und der einzige Vermittler des ewigen Lebens. Der Gedanke an diesen Augenblick, der mindestens **möglich** ist, müßte eigentlich jedem religiös Gleichgiltigen das Blut in den Adern erstarren machen. Amen.

Werke von Heinrich Hansjakob.

In der Herder'schen Verlagshandlung zu Freiburg im Breisgau sind erschienen und durch alle Buchhandlungen zu beziehen:

Die wahre Kirche Jesu Christi. Sechs Vorträge, gehalten in der Fastenzeit 1887 in der Kirche St. Martin zu Freiburg. Zweite, neu durchgesehene Auflage. Mit Approbation des hochw. Kapitelsvicariats Freiburg. gr. 8º. (IV u. 80 S.) *M.* 1.30.

Die Toleranz und die Intoleranz der katholischen Kirche. Sechs Vorträge gehalten in der Fastenzeit 1888 in der Kirche St. Martin zu Freiburg. Zweite, verbesserte Auflage. Mit Approbation des hochw. Herrn Erzbischofs von Freiburg. gr. 8º. (IV u. 76 S.)

Jesus von Nazareth, Gott in der Welt und im Sacramente. Sechs Vorträge, gehalten in der Fastenzeit 1890 in der Kirche St. Martin zu Freiburg. Zweite, verbesserte Auflage. Mit Approbation des hochw. Herrn Erzbischofs von Freiburg. gr. 8º. (VIII u. 100 S.) *M.* 1.50.

Meßopfer, Beicht und Communion. Sechs Vorträge, gehalten in der Fastenzeit 1891 in der Kirche St. Martin zu Freiburg. Zweite, neu durchgesehene Auflage. Mit Approbation des hochw. Kapitelsvicariats Freiburg. gr. 8º. (IV u. 94 S.) *M.* 1.50.

Die Wunden unserer Zeit und ihre Heilung. Sechs Vorträge, gehalten in der Fastenzeit 1892 in der Kirche St. Martin zu Freiburg. Zweite, verbesserte Auflage. Mit Approbation des hochw. Kapitelsvicariats Freiburg. gr. 8º. (IV u. 96 S.) *M.* 1.50.

Sancta Maria. Sechs Vorträge, gehalten in der Fastenzeit 1893 in der Kirche St. Martin zu Freiburg. Zweite, verbesserte Auflage. Mit Approbation des hochw. Kapitelsvicariats Freiburg. gr. 8º. (IV u. 102 S.) *M.* 1.50.

Kanzelvorträge für Sonn- und Feiertage. Gehalten in der Kirche St. Martin zu Freiburg. Mit Approbation des hochw. Herrn Erzbischofs von Freiburg. gr. 8º. (X u. 508 S.) *M.* 6; geb. in Halbfranz *M.* 8.

St. Martin zu Freiburg als Kloster und Pfarrei. Geschichtlich dargestellt. Mit einem Titelbild und zwei Textillustrationen. 8º. (VIII u. 206 S.) *M.* 2.50; geb. in Halbleinwand *M.* 3.

Der schwarze Berthold, der Erfinder des Schießpulvers und der Feuerwaffen. Eine kritische Untersuchung. Mit Titelbild. 8º. (VIII u. 92 S.) *M.* 1.40; geb. in illustrirtem Pergament-Umschlag *M.* 1.80.

Unsere Volkstrachten. Ein Wort zu ihrer Erhaltung. Vierte, erweiterte Auflage. gr. 8º. (32 S.) 30 Pf.

Der Vogt auf Mühlstein. Eine Erzählung aus dem Schwarzwald. Prachtausgabe mit acht Heliogravüren nach Original-Zeichnungen von Wilhelm Hasemann. 4º. (IV u. 60 S.) In Original-Einband: Leinwand mit Deckenpressung und Goldschnitt *M.* 12.

Rede über Einführung religiöser Orden in Baden. Gehalten am 23. September 1888 auf der Volksversammlung zu Haslach i. K. gr. 8º. (12 S.) 10 Pf.

Die Salpeterer, eine politisch-religiöse Secte auf dem südöstlichen Schwarzwald. Dritte, durchgesehene und erweiterte Auflage. Mit urkundlichen Beilagen. 8º. (IV u. 100 S.) *M.* 1.40; geb. in Halbleinwand *M.* 1.60.

Einige Urtheile der Presse
über die Fastenvorträge von Pfarrer Heinrich Hansjakob.

„Die hervorragenden Leistungen des in der Predigt-Literatur bereits weitbekannten Pfarrers Dr. H. Hansjakob bedürfen keiner neuen Empfehlung mehr, indem von den sechs Fasten-Cyklen, die wir von dem hochwürdigen Autor aus den Jahren 1887–1893 erhielten, bereits fünf in zweiter Auflage erschienen sind. Wir finden hierin eine originelle, geistreiche Auffassung, eine frische, bald oratorisch kräftige, bald poetisch schwungvolle, bald wieder das menschliche Herz in den zartesten Gefühlen mild ergreifende Darstellung; wir finden zugleich einen großen Schatz mannigfacher Aussprüche aus heiligen und profanen Schriften ...; wir finden endlich durchgehends eine edle und klare Diction, die zunächst für das gebildete Publikum der Städte berechnet ist. Sowohl bei Anhörung wie bei Lesung der höchst zeitgemäßen Predigten (oder Conferenz-Reden), bei denen nie die praktische Anwendung vergessen wird, ist schnellstens Geist und Herz für den behandelten Stoff gewonnen.... Man kann, um ein bekanntes Gleichniß zu benützen, diese lieblichen Vorträge, bei denen der Autor öfters aus Nicolas Neuen Studien über das Christenthum schöpfte, als die herrliche Kreuzblume bezeichnen, welche sich an der Spitze des hochragenden gothischen Thurmes majestätisch entfaltet, Aug und Herz mächtig emporziehend zu den Höhen des Himmels, wo die Religion des Kreuzes triumphiren wird."
(P. G. Rolb S. J. in der „Theol.-prakt. Quartalschrift". Linz 1899. 1. Heft.)

„Jedes Wort der Empfehlung ist bei diesen Vorträgen überflüssig. Wir scheuen uns nicht, diese verrufene Phrase hier zu gebrauchen, wo sie durchaus am Platze ist. Man kann sich nur herzlich freuen, daß solche Meisterwerke von Kanzelreden neu aufgelegt werden; mögen noch viele Auflagen folgen! Richtig ist im Titel hervorgehoben, daß es ‚Vorträge' sind, nicht eigentliche Predigten, obgleich der Verfasser auch den Willen wohl zu bearbeiten versteht. Eben deshalb gleichen aber diese Reden im Drucke auch nicht gefrorenen Eisblumen; sie brauchen sich auch vor der Zeit nicht zu fürchten; sie werden stets auf den Leser einen gewaltigen Eindruck ausüben. Gerade als Lectüre für Gebildete jeglichen Standes eignen sich diese klaren und im edelsten Sinne populären Vorträge ausgezeichnet."
(Oesterr. Litteraturblatt. Wien 1898. Nr. 2.)

„... In der Eigenart, Kraft und Kunst des Beweisens, Schilderns, Vertheidigens, in der Schönheit der Veranschaulichung, in der Handhabung einer volksthümlichen, markigen Sprache, in der Frische und Klarheit des Ausdrucks, in der Vorführung zeitgemäßer und praktischer Themate, in der Eintheilung wie in der Nutzanwendung seines Gegenstandes, in der passenden Art, Schriftstellen zu verwenden, im Gedanken- und Bilderreichthum wie in der dialektischen Gewandtheit hat dieser vorzugsweise oratorisch und apologetisch angelegte Autor nur ganz wenige seinesgleichen. Man hört ihn entzückt und liest ihn — namentlich in gebildeten Kreisen — mit hohem Genusse."
(Kanzelstimmen. Würzburg 1898. IV. Liter. Beilage.)

„... Dr. Hansjakob ist ein Prediger, dem neben einem priesterlichen Herzen, das warm für seine Pfarrkinder schlägt, reiche und tiefe theologische Kenntnisse zur Verfügung stehen. Wem aber vom lieben Gott solches Wissen gegeben und wer dasselbe unmittelbar in den Dienst der Seelsorge stellt, wie Hansjakob, der ist eben ein Prediger von Gottes Gnaden..."
(Schweizerische Literarische Monats-Rundschau. Stans 1897. Nr. 9.)

„... Hansjakobs Predigten sind wahre Musterpredigten von tiefem dogmatischen Gehalte, tief durchdacht und wohl meditirt in klarer, einfacher, durchsichtiger und schöner Sprache...."
(Correspondenz-Blatt f. d. kathol. Clerus Oesterreichs. Wien 1897. Nr. 12.)

„… Hansjakob ist ein Apologet, wie er in unsern Tagen auf die Kanzel gehört. Vertraut mit den literarischen Erscheinungen und den Ergebnissen der Wissenschaft unserer Tage, weiß er seine Vorträge der Gegenwart anzupassen und die Aufmerksamkeit der Zuhörer zu fesseln."

(Blätter für Kanzelberedsamkeit. Wien. XIII. Bd. 5. Heft.)

„Diese Predigten (‚Wahre Kirche Jesu Christi‘, ‚Toleranz und Intoleranz‘ und ‚Jesus von Nazareth‘) reihen sich nach Methode und Ton mehr in das Genus der Conferenzreden als in das der gewöhnlichen Kanzelreden ein. Die großen Themate werden von dem als Schriftsteller und Prediger wohlbekannten Verfasser in strenggeschlossener, populär-wissenschaftlicher, bald mehr scharf dialektisch zergliedernder und beweisender, bald mehr oratorisch entwickelnder Methode bis auf den Grund erörtert. Der gewöhnliche Kanzelton ist völlig vermieden; der Endzweck der einzelnen Predigten hält sich meist innerhalb des intellectuellen Gebietes, sowenig Gemüth und Wille leer ausgehen; direct praktische Nutzanwendungen werden nicht gemacht. Der Vernunftbeweis für die christliche und katholische Wahrheit, welcher den Hauptnerv dieser Predigten bildet, ist mit außerordentlicher Sachkenntniß, dialektischer Gewandtheit und logischer Kraft geführt. Es liegt etwas Packendes und Ueberwältigendes, etwas Unentrinnbares in den Argumentationen des Verfassers, in der Art und Weise, wie er aus tiefgründiger Ueberzeugung heraus Rechenschaft gibt über seinen Glauben und den Zuhörer beständig mit in diese Rechenschaft hereinzieht, ihn nöthigt, die Voraussetzungen und Principien anzuerkennen und zu bejahen und dann mit zwingender Folgerichtigkeit auch die Conclusionen gutzuheißen. Es verräth sich hier ein großes Geschick, unter genauer Abwägung der geistigen Tragkraft des Volkes (im höhern Sinne des Wortes) aus der Fülle des Materials und der Zeugnisse gerade das Passendste und Treffendste auszuheben, nicht so fast neue Gesichtspunkte zu schaffen, aber jene zur Geltung zu bringen, welche von entscheidender Bedeutung, welche am lichtreichsten und gemeinfaßlichsten sind. Namentlich vermeidet der Verfasser einen Fehler, in welchen viele Apologeten auf der Kanzel verfallen; man könnte sagen, seine Argumentationen sind natürlich, nicht übernatürlich, d. h. er läßt nicht die Offenbarung reden, wo die Vernunft reden sollte, und er beweist nicht mit Zeugnissen der Schrift und Ueberlieferung, was durch Verstand und Vernunft zu beweisen ist; so erreicht er auch jene noch, die nicht zum voraus gesonnen sind, sich auf übernatürliche Voraussetzungen einzulassen. Aber seine Beweisführung bleibt nun nicht bei der Vernunft stehen und sucht nicht die Schatten des Mysteriums ganz zu verflüchtigen, sondern sie führt auf sichern und festen Brücken hinüber aufs Glaubensgebiet, wo die Vernunft nicht mehr beweisen kann, aber unter dem zwingenden Einfluß der ganzen Argumentation eingestehen muß, daß es vernünftig und nothwendig sei, zu glauben. Die Sprache ist edel, markig, allgemeinverständlich, mitunter originell und oratorisch durchglüht. … Der Jahrgang 1888 erörtert die Frage der Toleranz mit einer Gründlichkeit, Klarheit und Ausführlichkeit, wie man sie wohl nirgends mehr behandelt findet."

(Dr. Paul Wilhelm von Keppler in der „Liter. Rundschau" 1891. Nr. 2.)

„Was wir früher über die Predigten des Verfassers ‚Die wahre Kirche Christi‘ an dieser Stelle bemerkten, das gilt in gleicher Weise auch vom vorliegenden Predigtcyklus (‚Toleranz und Intoleranz‘). Es sind geistreiche, populäre Abhandlungen in der bekannten packenden Sprache des Autors zur Vertheidigung der Kirche in betreff derjenigen Punkte, wo ihr die Intoleranz zum Vorwurf gemacht wird. In fesselnden Ausführungen wird dargelegt, daß gerade die Intoleranz der Kirche gegen jede Alterirung der Glaubens- und Sittenlehre zum Heile der Menschheit gereicht. Die Predigten eignen sich vorzüglich zur Lectüre der „gebildeten Welt" und scheint die sehr elegante Ausstattung auch schon darauf hinzielen zu wollen." (Pastoralblatt. Köln 1891. Nr. 6.)

„Die gegenwärtigen Fastenpredigten („Meßopfer, Beicht und Communion') stellen sich den seit einer Reihe von Jahren von demselben Prediger mit großem Erfolge in der St. Martinskirche zu Freiburg vorgetragenen und ebenfalls veröffentlichten würdig zur Seite. Meßopfer, Beicht und Communion sind die großen, in der katholischen Kirche allezeit fließenden Gnadenquellen. Auf diese nun in dogmatisch diegenen und fesselnd gehaltenen Vorträgen hinzuweisen, die dem Zugang zu denselben sich entgegenstellenden Hindernisse hinwegzuräumen und den darin verborgenen, nie versiegenden Segensreichthum zu zeigen, das ist die Aufgabe, welche sich der hochw. Herr Verfasser gestellt. Und diese Aufgabe hat er mit der ihm eigenen Gründlichkeit und Gewandtheit gelöst. Möge die Lectüre dieser höchst anregenden Vorträge recht viele Christen dazu bewegen, recht ausgiebig aus diesen göttlichen Gnadenbornen zum Heile ihrer unsterblichen Seelen zu schöpfen!"

(Anzeiger f. d. kathol. Geistlichkeit Deutschlands. Frankfurt 1892. Nr. 4.)

„Die Fastenpredigten des Freiburger Pfarrers Hansjakob fesseln auch den Protestanten durch ihre originelle, geistvolle und doch durchaus volksthümliche Art...." (Theologische Rundschau. Freiburg i. Br. 1893. 10. Heft.)

„An geistreicher Auffassung, schlagender Beweisführung und strenger Logik stehen diese Vorträge („Wunden unserer Zeit') obenan. Auch die Sprache ist warm, edel, oft schwungvoll. Die Belesenheit des Verfassers, unterstützt durch Eifer und Geschick, häuft ein erdrückendes Material auf, um die Sinnlichkeit, Habsucht und Hoffart unserer Zeit ins rechte Licht zu setzen und an den rechten Arzt zu weisen. Es ist zu wünschen, daß diese vornehm ausgestatteten Vorträge in die Hände recht vieler Gebildeten kommen, für welche sie sich zur Lectüre bestens eignen." (Prediger und Katechet. Regensburg 1893. 2. Heft.)

„... In diesen Predigten („Sancta Maria'), in welchen Hansjakob die katholische Marienverehrung nicht bloß rechtfertigt, sondern auch in ihrer ganzen Schönheit, in ihrem wohlthätigen Einfluß auf die Menschheit, insbesondere auf das Frauengeschlecht, darlegt, kommt bei dem Redner auch der Dichter zu seinem Rechte, entfaltet er neben seiner reichen Welt- und Menschenkenntniß ein ebenso reiches Gemüth. Insbesondere ist in dieser Hinsicht der dritte Vortrag: ‚Die Mutter und das Kreuz', ein hinreißendes Meisterstück tief empfundener Gedanken und rednerischer Darstellung, welches man gern zu wiederholten Malen auf das eigene Gemüth wirken läßt. Wir empfehlen daher diese Predigten nicht bloß allen Marienpredigern, sondern auch allen gebildeten Katholiken, namentlich den Frauen und Jungfrauen, als erhebende und erbauende Lesung recht eindringlich...." (Literar. Handweiser. Münster 1893. Nr. 8.)

„... In ebenso einfacher wie edler Sprache spendet der beredte Verfasser uns in diesen Vorträgen („Sancta Maria') einen Abriß der Mariologie.... Was der Verfasser über die Würde der Jungfrau und Mutter, über deren Bedeutung in Staat, Gesellschaft und Kirche sagt, ist von überwältigender Kraft und Schönheit. ..." (Der Katholik. Mainz 1893. 10. Heft.)

„Es ist der liebenswürdige Dichter, der kenntnißreiche Apologet, der feurige Kanzelredner, der uns nun schon zum sechstenmal als Fastenprediger begegnet und immer wieder zu begeistern und hinzureißen versteht. Großer Bilderreichthum, dialektische Gewandtheit, zwingende Folgerichtigkeit der Vernunftbeweise und eine markige, oratorisch durchglühte Sprache, die den früheren Predigten nachgerühmt wurden, vereinen sich hier mit den wärmsten Herzenstönen zum Lobpreis der hehren Himmelskönigin. Die sechs Vorträge („Sancta Maria') dürfen als eine Zierde der marianischen Literatur bezeichnet werden." (Literar. Anzeiger. Graz 1893. Nr. 3.)